"企业新闻与传播"系列教材　丛书主编　王　勇　丁柏铨

江苏省高校品牌专业建设工程项目
"十三五"江苏省重点学科项目

新媒体运营与管理概论

XINMEITI YUNYING YU GUANLI GAILUN

刘　娅　编著　　丁和根　指导

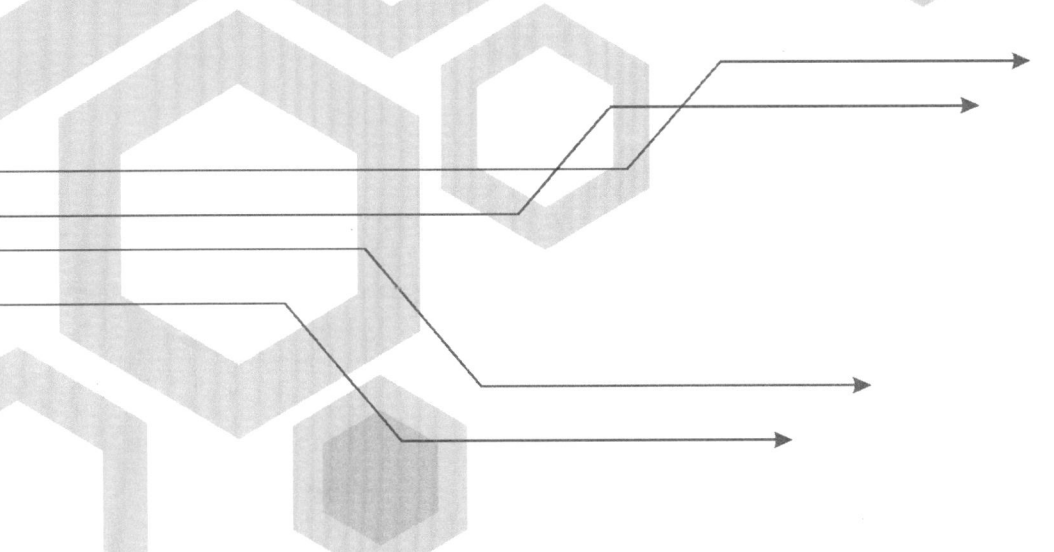

南京大学出版社

图书在版编目(CIP)数据

新媒体运营与管理概论 / 刘娅编著. — 南京：南京大学出版社，2018.12(2022.9 重印)

"企业新闻与传播"系列教材 / 王勇，丁柏铨主编

ISBN 978-7-305-21864-4

Ⅰ. ①新… Ⅱ. ①刘… Ⅲ. ①传播媒介－运营管理－教材 Ⅳ. ①G206.2

中国版本图书馆 CIP 数据核字(2019)第 062971 号

出版发行 南京大学出版社
社　　址 南京市汉口路 22 号　　邮　编 210093
出 版 人 金鑫荣

书　　名 新媒体运营与管理概论
编　　著 刘娅
责任编辑 武萌 裴维维　　编辑热线 025-83592123

照　　排 南京开卷文化传媒有限公司
印　　刷 南京百花彩色印刷广告制作有限责任公司
开　　本 787×1092 1/16 印张 11.25 字数 310 千
版　　次 2018 年 12 月第 1 版　2022 年 9 月第 5 次印刷
ISBN 978-7-305-21864-4
定　　价 46.00 元

网　　址：http://www.njupco.com
官方微博：http://weibo.com/njupco
官方微信号：njuyuexue
销售咨询热线：(025)83594756

* 版权所有,侵权必究
* 凡购买南大版图书,如有印装质量问题,请与所购
  图书销售部门联系调换

前　言

"在新媒体的时代语境下,企业视频的应用已悄无声息地渗透到了企业运营的每一寸土地。从一线操作的讲解视频到部门会议的汇报视频,从专家研讨的项目视频到文化建设的活动视频,从企业形象的宣传视频到产品上线的广告视频,视频全方位参与已成了企业日常运行的常态。企业视频的蔓延是各方面发展的综合产物。"①

首先,企业发展需要企业形象塑造。"酒香不怕巷子深"的时代早已过去,市场经济的时代语境下,利润是首要的目标,如何营销自己成了企业不可忽视的课题。同类商家的竞争、跨界商家的竞争令很多企业如履薄冰,稍有不慎则万劫不复。从贩卖奴隶的古希腊社会到站满了叫卖商贩的古罗马街道,再到迦太基地中海的贸易区,他们推销自己产品的手段算是最早的广告行为了。20世纪90年代,中国市场经济体制确立的初期,马路上会有载着喇叭宣传产品的小卡车,空中发放广告纸条的热气球,路边醒目的横幅等小区域性的广告形式。那时,每个城镇都有自己的品牌,逢年过节,山东喝自己的梨汁饮料,江苏喝自己的杨梅果汁,餐桌上的酒水饮料大不相同。随着经济体制市场的进一步发展,很多品牌意识到,如何在众多同类产品中突出重围才是关键,否则就会沉没在日益饱和的市场当中,西瓜就那么大,分的人越多,吃到的就越少。如何树立自己的品牌形象成了企业进一步发展的新课题。这部分企业的异军突起,乘着电视媒体宣传的强势之风,颠覆了整个中国的品牌格局。传媒的发展促进了市场的同质化,现在酒桌上的酒水饮料无外乎荧幕广告上常见的那几种,地域性的小品牌存活下来的少之又少。当今企业的市场不再是一个人、一条街、一个地区,广告的手段也日臻完善。仅仅靠一些户外广告牌、纸媒宣传已经无法达到企业预想的宣传效果,创意新颖、内容有趣的广告手段更容易引起市场的反响。20世纪末,视频广告成为了最先进、最有效的广告方式。"燕舞"录音机、"南方"黑芝麻糊、"步步高"VCD、"旭日升"冰茶等广告片在当时不仅是一则商业广告,更是行走在大街小巷的文化标签,不仅起到了广而告之的作用,更起到了塑造形象的效果。企业的品牌树立、形象塑造一直是企业发展的重要考量标准,放眼世界,这也是

---

① 张丁心.新媒体语境下企业视频的现状分析[N].西部广播电视.2018-06-05.

企业面临的共同课题。"新世纪开始以后,随着人们对于世界传播的认识,新的品牌效应也开始出现,如游戏世界的'暴雪'以及著名的'脸书'网站等,都成了人们趋之若鹜的经典。"①

其次,视频普及助力企业运行高效。从1923年电视的发明者之一美籍苏联人兹瓦里金发明电子扫描式显像管开始,到视频登上历史舞台,发展至今还不到100年。相对于文字、图片、广播等形式,在这短短的不到100年间,视频已是第三传媒的绝对输出方式,第四、第五传媒的主要输出方式。视频综合、高效的特点对人们有着巨大的吸引力。早在19世纪末人们就开始了对"活动影像"的探索,"活动影像"类似于视频的效果在当时也引起了大家的好奇,也最终导致电影的诞生。"活动影像"最开始的探索就伴随着艺术创作的光环,1888年,乔治·伊斯曼在美国发明了胶卷,1894年,乔治·伊斯曼与发明家爱迪生共同合作了首部"活动电影视镜"。"活动电影视镜"已初步具备电影的三个基本元素:拍摄、洗印和放映,他们把15.24米的凿孔胶片放映在一个大箱子里,一次只能供一个人观看。直到1895年,法国的卢米埃尔兄弟制造出能在白色幕布上放映影像的电影机时,成熟的电影才宣告诞生。随着科技的进步,视频技术走下神坛,开始变得大众化,简单的视频摄制已被大众所掌握。传统摄像机、家用DV的操作越来越简单明了,单反相机、手机的视频拍摄功能也越来越专业、方便。再加上视频本身直观明确的表现特点,使得视频被大量运用在企业日常事务当中。视频具有的可传播性、可复制性、可更改性使其拥有了广泛的使用空间。例如,员工的培训,不用一批批的员工进入一定规模的场地一次次的培训,直接录制好培训视频发布在网站上,等员工自行访问即可,除必要的集中之外,都可以网络沟通。另外,项目讲解的模式也不再是设计师带着电脑到每个办公室给不同的领导讲解PPT,只需要将PPT输出成视频格式,然后对应播放进行讲解,再把视频和音频合并即可做成讲解视频。给每位领导发一份视频,分别反馈意见即可。视频的可修改性使视频可以反复使用,修改有问题的部分,调整需要改进的部分,或者加入新的部分都可以在剪辑软件上实现。剪辑软件的种类也对应了不同人群,专业级的、入门级的剪辑软件应有尽有,甚至手机自带的剪辑软件就能完成比较完整的视频制作。当然,这些简单的视频拍摄与制作也需要一些专业水准,但拥有这样技术的人员才是企业集约化发展战略的需求,而且市场对此类技术、人员的需求量也日益增加。

最后,传媒发展决定信息传播方式。21世纪,第四、第五媒体的发展令视频应用在日常生活中无孔不入,4G时代的到来改变了人类的生活方式。现代信息的传播形式基本上遵循着"能用图片不用文字,能用视频不用图片"的原则。当然,文字、图片、视频并不是绝对对立的,而是在内容表现重要性上的一种比例关系。早期的互联网新闻,多是一篇文字详尽描述的新闻配一张图片,用这张图片佐证新闻内容。

---

① 周光毅.文化创意产业的策划与设计[M].南京大学出版社,2015:241.

后来变成了一段文字配一张图片,每一段文字都有图片佐证,而且因为图片的增加,加强了新闻的视觉效果。再到后来变成了一张图片配一篇文字,此时的图片重要性开始凸显,因为图像比文字更直观,同时也因为摄影技术的普及以及互联网的传播特点决定。再到后来,一篇新闻基本都是图片,每张图片下只有一行字补充说明即可,图片基本可以表现所有内容。新媒体环境下,互联网与移动网络相互补充,各大媒体、视频网站分设电脑端、手机端、Pad 端等。此时,视频新闻兴盛起来,除了标题,就是一段视频,连文字补充都不需要了,所有的文字都可以以旁白的形式直接录制在视频里。传统的新闻报道在图文并茂的同时,一般也不忘加上一段视频以适应潮流节奏。几大主要社交平台,视频功能开发越来越完善,视频使用率越来越高。朋友圈里大家基本上以视频的状态发布新鲜事,可以随拍随发,也可以用快手、美拍等 APP 录制后直接进行简单的编辑包装,然后直接发布或者转发到朋友圈里、QQ 群、微信群里,三五分钟的视频只要压缩在 20 M 以内就可以任意转发,传媒方式的转变为如此高信息量的视频传播提供了可能性。淘宝的产品介绍也逐渐地由原来的图片变成了几十秒的小视频。如何将原来的操作步骤、使用规则、安装说明、细节展示等图文展示方式变为视频也成了各个电商要面临的问题,同样这也给相关制作公司、相关技术人员提供了商机。还有像电梯、走廊里的广告牌也变成了视频终端,每天不同的广告视频循环播放,相比原来每隔一段时间换一批海报的形式,省时省力而且信息容量翻倍。

综上所述,当下很有必要建立关于企业视频的课题研究,企业将会需要大量的视频用于企业的运行、宣传、记录等方面,同时,这也给相关技术工作人员提供了大量的商机。无论是将视频承包给制作公司还是企业自己的工作人员制作,企业视频的摄制都需要有专业的制作流程和规范的制作技术作为保障。这本书将会介绍企业所能接触的各类型视频,从前期策划到拍摄制作全方位解析各种视频的制作流程,目的就是为相关工作人员提供理论、实践的依据,帮助相关工作人员更清晰、有效地进行企业视频的策划与制作工作。

目　录

第一章　绪论 …………………………………………………………………………… 1

　　第一节　认识新媒体 …………………………………………………………………… 2
　　第二节　认识新媒体运营 ……………………………………………………………… 5

第二章　新媒体内容运营 ……………………………………………………………… 12

　　第一节　标题创作和优化 ……………………………………………………………… 12
　　第二节　正文编辑和优化 ……………………………………………………………… 19
　　第三节　图片设计和优化 ……………………………………………………………… 22
　　第四节　版式编辑和优化 ……………………………………………………………… 28

第三章　新媒体吸粉引流的方式 ……………………………………………………… 37

　　第一节　吸粉策略 ……………………………………………………………………… 37
　　第二节　粉丝转化过程 ………………………………………………………………… 41
　　第三节　吸粉引流的方法 ……………………………………………………………… 43

第四章　新媒体品牌构建 ……………………………………………………………… 47

　　第一节　品牌概述 ……………………………………………………………………… 47
　　第二节　品牌建设相关理论概述 ……………………………………………………… 51
　　第三节　案例分析："澎湃新闻"的品牌建设 ………………………………………… 56

第五章　新媒体资本运营方式及盈利模式 …………………………………………… 66

　　第一节　国内外媒体资本运营现状 …………………………………………………… 66
　　第二节　新媒体时代媒介资本运营的特征 …………………………………………… 70
　　第三节　新媒体运营的盈利模式 ……………………………………………………… 73

第六章　微信公众平台的运营与管理 ………………………………………………… 79

　　第一节　认识微信公众号 ……………………………………………………………… 79

第二节　微信公众号文章编辑 …………………………………… 89
第三节　微信吸粉引流方法 ……………………………………… 99
第四节　微信公众平台运营规范 ………………………………… 102

第七章　微博的运营与管理 …………………………………………… 110
第一节　认识微博运营 …………………………………………… 110
第二节　微博内容编辑 …………………………………………… 113
第三节　微博运营技巧 …………………………………………… 118
第四节　微博运营的推广策略 …………………………………… 122

第八章　直播、短视频运营与管理 …………………………………… 125
第一节　直播平台的发展 ………………………………………… 125
第二节　短视频平台的发展 ……………………………………… 129
第三节　案例分析 ………………………………………………… 134

第九章　App 的运营与管理 …………………………………………… 139
第一节　App 运营的目的 ………………………………………… 141
第二节　App 内容与产品的重要性 ……………………………… 143
第三节　案例分析 ………………………………………………… 147

第十章　新媒体失范和监管体系 ……………………………………… 152
第一节　关于新媒体失范 ………………………………………… 152
第二节　国外政府对新媒体的监管与规制 ……………………… 159
第三节　我国新媒体的监管与规制 ……………………………… 162

参考文献 ………………………………………………………………… 169

第一章 绪 论

据中国互联网络信息中心（CNNIC）发布的第43次《中国互联网络发展状况统计报告》[①]显示，截至2018年12月，我国网民规模达8.29亿，普及率达59.6%，较2017年底提升3.8个百分点，全年新增网民5653万。我国手机网民规模达8.17亿，网民通过手机接入互联网的比例高达98.6%，如图1-1。

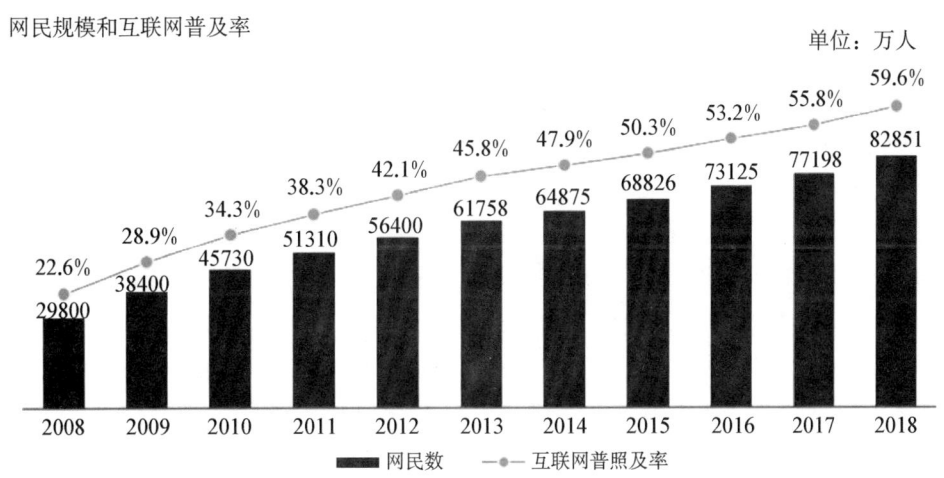

图 1-1 网民规模及互联网普及率

其中，各类手机应用的用户规模不断扩大，很多应用已成为网络媒体、社交媒体和手机媒体三者之间的交集，如QQ、微信、微博、抖音、优酷视频等。其中，直播平台兼具媒体属性和社交属性，互动性更强，更受"90后""00后"的喜爱。多终端显示、多技术支撑、人手一台的智能手机，以及4G和WIFI技术的普及，在很大程度上打破了原来较高的媒体入门门槛，使得个人传播能力变强。用户生成内容（Users Generate Content，UGC）这一新形式的产生，体现出新媒体时代的一大改变。

但现实问题是，只有对动态发展环境下的新媒体生存与发展的主要规律有正确

---

① 第43次《中国互联网络发展状况统计报告》：http://www.cnnic.net.cn/hlwfzyj/hlwxzbg/hlwtjbg/201902/t20190228_70645.htm

的认知和把握,传统媒体、企业或个人才能找到适应互联网发展环境的真正的新媒体运营之道。

新媒体领域日新月异的发展和实践,以及在此过程中出现的矛盾与问题,要求理论研究总结规律、升华认识,并从理论层面加以阐述和指引。鉴于此,本书将新媒体概念置入互联网技术的商业化发展语境之中,下文提及的"新媒体"专指互联网技术及其商业化应用的产生和动态发展变迁过程中的新媒体。为帮助读者全方位理解和认知互联网商业化发展语境中的新媒体运营规律,本书主要分为两个部分:前半部分在宏观角度就新媒体如何内容运营、如何吸粉引流进行阐述;后半部分则为不同平台的新媒体运营提供具体指导方法。

第一节　认识新媒体

一、新媒体的定义

虽然业界与学界目前对于新媒体的确切概念尚未达成共识,但不可忽视的是,新媒体这个词汇已经渗透到我们日常工作与生活的方方面面,甚至成为各种高峰论坛和学术会议的中心话题。新媒体对当今社会的影响可以说是全面而又深刻,不仅体现在政治与经济方面,更体现在它正潜移默化地改变着我们的生活方式和思维方式,这就给学术和理论界带来了全新的课题。"新媒体"一词日益受到各界人士的关注,也成为新闻学、传播学理论研究的前沿方向。

因此,对于新媒体概念和范畴等基础理论的探讨亦成为学界和业界越来越迫切需要解决的问题。

关于"新媒体"一词的起源,学界已有不少具体的说法。目前普遍引用的"新媒体"一词的概念,最早见于1967年美国CBS(哥伦比亚广播电视网)技术研究所所长、NTSC电视制式的发明者P.Goldmark发表的一份关于开发EVR(电子录像)商品的计划书。1969年,美国传播政策总统特别委员会主席E.Rostow在向尼克松总统提交的报告中多处提到"新媒体"这一概念。自此,"新媒体"一词开始在美国社会流行,并在不久之后传播至全世界。

中国传媒大学的廖祥忠认为这一颇为流行的说法其实并不确切,他觉得"新媒体"这个概念至少可以追溯到20世纪50年代,始见于1959年3月3日马歇尔·麦克卢汉应邀赴芝加哥参加全美高等教育学会举办的会议演讲。在这次听众逾千人的大会上,麦克卢汉讲演的题目是《电子革命:新媒体的革命影响》。在这次大会上,麦克卢汉提出了著名的"媒介即信息"这一论断。就当今的学界与业界而言,其实对于新媒体也有了诸多定义。早期,联合国教科文组织对新媒体下过一个定义:"新媒体就是网络媒体。"清华大学熊澄宇教授提出:"所谓新媒体,或称数字媒体、网络媒体,是建立在计算机信息处理技术和互联网基础之上,发挥传播功能的媒介总和。"①还有我们在知乎上常见的一种观点是:"新媒体是一个相对概念,因为新媒体之'新'是今日之新。"这种观点是由上海文广新闻传媒集团总裁黎瑞刚提出的,他说:"所谓新媒体,是一个相对的概念,是在我们平时见到的报刊、广播、电视等传统媒体以后发展起来的新的媒体形态,最常见的就是数字媒体。"②美国《连线》杂志对新媒体的定义是:"所有人对所有人的传播。"③

笔者认为,新媒体是一个相对概念,可以理解为报刊、广播、电视等传统媒体之外,依托互联网和数字技术发展起来的新的媒体形态。新媒体所包含的不仅仅是微博、微信等社交媒体,还包括网络媒体、手机媒体、数字电视、户外新媒体等多种媒体形式。

二、新媒体的特征

从我国互联网发展的总体历程来看,互联网时代各个阶段的传播特征是受互联网应用技术影响的。

Web1.0 时代(1995—2004 年),在 PC 端网站信息聚合技术的创新应用下,网站传播模式是以编辑为特征的,网站展示给用户的内容是网站编辑进行处理后提供的。用户阅读网站提供的内容,这就是网站到用户的单向传播行为,依据不同类型用户的信息需求提供即时的各类聚合新闻与资讯。文字和图片是主要传播内容,这一传播时代以基于"机对人"和"人与信息"连接的单向传播模式为主流,缺乏网站与网民的互动性。

Web2.0 时代(2004—2009 年),4M 及以上宽带互联网的普及,部分网站创新应用了 P2P、RSS、Widget、API、SNS 等一系列互动传播技术,在此背景下,PC 端网站的传播模式更注重用户的交互作用,用户既是其网站内容的消费者(浏览者),也是网站内容的制造者(博客、微博、社区、自媒体)。PC 端网站加强了网站与用户之间的互动,网站内容基于用户提供,网站的诸多功能也由用户参与建设,实现了网站与用户的双向交流与参与。用户在 Web2.0 网站系统内拥有自己的数据,所有功能的实现均可通过浏览器完成。在这一传播时代,基于"机对人"和"人与信息"连接的单向传播模式,开始演变为基于人与人之间社会网络关系连接的个人门户传播模式,人际社会关系网络成为大众传播的"基础设施"④,由此催生了一批基于 PC 端用户社会关系的作为内容生产与交换平台的社会化媒体,比如中国的天涯社区、人人网、豆瓣网、QQ 空间和新浪微博,还有美国的社交平台 Facebook、Titter 和 YouTube。在

---

① 熊澄宇,美国杨百翰大学博士,清华大学教授,国家文化产业研究中心主任,新媒体传播研究中心主任;兼任北京大学全球化创新领导力研究中心主任,中国传播学会副会长,中国国际文化交流中心理事。
② 黎瑞刚,复旦大学新闻学院研究生毕业,中共上海市委副秘书长,上海文广新闻传媒集团总裁。
③ 美国《连线》(Wired)是一份科技类月刊杂志,创刊于 1993 年,着重于报道科学技术应用于现代和未来人类生活的各个方面,并对文化、经济和政治的影响。
④ 匡文波.到底什么是新媒体[J].新闻与写作,2012(7):24-27.

这些社会化网络媒体平台中,网络用户自发的创造内容逐渐成为主流。

Web3.0时代(2009—至今),在宽带互联网提速降费和3G、4G、无线网络的普及应用的环境里,互联网信息传播应用技术在Web3.0时代兴起,网站内的信息可以直接和其他网站的相关信息进行交互,也能通过第三方信息平台同时对多家网站的信息进行整合并使用。用户在互联网上拥有自己的数据,且能在不同网站上使用。Web3.0的网络模式可实现不同终端的兼容,从PC端互联网到手机、PDA、机顶盒、专用终端等,信息不止应用在PC互联网单一终端上,这就将Web2.0缺乏可信度的互动传播模式提升到了具有互动性的高效可信的个性化深入应用服务模式,新一代综合网络社交媒体平台由此催生,成为以智能手机为主导的跨终端的所有人对所有人的即时互动传播的新型传播媒体。

综上所述,从互联网传播应用模式的变迁层面来看,伴随互联网应用的Web化和创新升级,新媒体体现为带动互联网信息传播及其服务的传播主体。从最初的Web1.0时代的单向传播,发展为Web2.0时代的PC端社会化媒体,再到Web3.0时代的跨终端的综合社交门户媒体,以及移动互联网时代以手机为主导终端的大规模即时互动传播的新型传播服务媒体——美国《连线》杂志将其定义为"所有人对所有人的传播"。新一代互联网传播新媒体为此创造了人类新的空间关系:信息源于现实空间,但却以网络为主导传播空间,最终形成信息发生的现实空间与信息传播的网络空间相互交织的融合空间。面向未来,基于智能互联网的人机互动传播新模式与当前的人与人互动传播模式相互交织的新一代互联网传播新媒体有望兴起。

移动互联网时代实现了从基于智能手机的微博、微信等即时社交媒体,到基于大数据、云计算的精准传播媒体和基于移动网络视频技术的即时弹幕互动媒体、网络直播媒体,再到基于VR/AR技术的新型视频媒体的系列化快速更迭与聚合。由此,从互联网技术和传播特征来看,移动化、即时性、交互性、精准性、智能化,是如今评判新媒体的主要标尺。

三、新媒体对用户的价值

(一)新媒体时代,微信和微博成为人们获取一般信息的主要来源

只有需要深度阅读时,人们才会访问门户网站、行业网站和主流媒体网站。而随着用户的注意力和时间被不同的新媒体平台分散,准确判断用户价值变得越来越难。比如电视机前的观众和苹果手机的App用户,企业和广告主很难界定哪个平台更值得支付广告费。

(二)新媒体不仅是一个传播信息的平台,也是交流的渠道、互动的工具

任何时间、任何地点,我们都可以经营自己的"媒体"。文字、视频从制作到发布,从传播到引爆,反应迅速,回馈高效。通过微信朋友圈、微博,用户真正实现了随

时随地发表感想。在突发事件中,人们往往是通过手机在第一时间获取最新信息的。

(三) 新媒体也是一个开放的体系

人人皆可为传播者,决定了新媒体传播信息的多样性与海量性。信息节点中的每个人都能深度参与到信息的传播过程,这意味着新媒体的传播是一种高度整合的社会性传播。这一模式下,主观意识会被融入信息之中。而面对海量的信息,一些用户难以分辨优劣,被误导的概率也大大增加,因此具备专业背景和判断力的人则成为关键的意见领袖,承担了公众媒体的部分角色。

(四) "受众"与"读者"是传统媒体时代的产物

传统媒体将传播者与受众分得很清,单向传播是其典型特征。而在新媒体时代,信息的传播是交互的。新媒体的实时互动成就了"人人即媒体"。以手机为代表的移动端设备实现了人与人之间的即时沟通与联络。没有边界的世界是新媒体呈现出的最大特点。新媒体打破了媒介间的壁垒,消融了媒体之间、介质之间、地域之间,甚至是媒体与用户之间的界限,所有的人和机构都是传播者,又都是接受者。此时,传播者与受众不再有明显的区分,更习惯被统称为"用户"。

(五) 传播的碎片化与受众重聚将成为一个必然的过程

在传播中,新媒体与用户逐步建立新的连接,经过一定时间的沉淀,形成新的用户关系。具有相同或相近爱好、价值观的强用户关系将逐步聚合成为社群。这种社群具有高度凝聚力,极具商业价值。

技术、渠道和内容是新媒体的三大竞争焦点。互联网从不缺内容,但永远缺优质内容,甚至缺少真正提供给用户所需内容的平台。海量内容泛滥,优质内容奇缺。内容质量是决定新媒体平台成就的关键。因此,掌握新媒体运营就变得尤为重要。

第二节 认识新媒体运营

一、新媒体运营的定义

互联网时代新媒体运营主要是新媒体实体组织基于互联网生态环境中为了谋求自身生存和利益实现所做出的具体操作。其中需要将用户的体验和需求作为核心,研发具有用户体验的互联网相关产品或服务,并以此将用户数量最大化,且保持后续用户的活跃性,最终通过海量的活跃用户达到各种收入的变现。

上一节在对新媒体进行定义时,笔者认为新媒体就是所有人能够制作、创造并向大众进行分发和传播的带有交互性与个性化的一种传播介质。其中从业内微观角度,笔者强调了"三微一端"的新媒体产品形态,因此,本节在讲述新媒体运营时也仍以"三微一端"这四个具体的产品来阐释新媒体运营的相关概念。

新媒体的产生需要新的媒介形式作为载体,无论是网络新媒体、移动新媒体、数字新媒体、新型电视媒体还是其他新媒体种类,都需要有具体的产品承接形式。新媒体运营是指:无论是以"三微一端"的微博、微信、微视频和客户端为主流的产品形态,还是以知乎、简书、豆瓣、电台、视频自媒体等为代表的新兴媒体,在这些平台上进行品牌推广、产品营销、信息新闻资讯传播的运营方式。

运营人员通过对事件与热点的挖掘,或通过策划品牌相关的优质的具有可传播性的内容和线上活动,以用户运营、内容运营、活动运营等方式向用户进行广泛的信息传递或者精准的消息推送,提高曝光度,提升参与度,从而充分利用粉丝经济达到相应营销或者传播的目的。总而言之,互联网时代新媒体运营是指新媒体实体组织为自身生存和发展需求而进行的市场化商业运营活动。

二、新媒体运营的构成要素

新媒体运营的构成要素主要有两大核心主体,即新媒体实体组织以及互联网用户。[①]

新媒体实体组织,是主观上为追求自身利益最大化的以生存和发展为诉求的客观为他人(用户)提供一系列互联网运营理念、技术、产品与服务等应用支持乃至商业模式创新的主体,可以将其称之为"用户驱动型互联网运营主体"。作为满足互联网时代新媒体生存与发展的利益诉求而不断创新的新媒体实体组织,这一主体是构成新媒体运营的主要构成要素之一。

互联网用户群体,是指新媒体产品的使用者、参与者、传播者甚至是生产者,这里的新媒体产品包括了内容、信息或其他互联网应用性产品或服务等。互联网用户群体有一特点:用户有主动消费甚至主动生产的能力,也拥有信息流的话语权,主动权和决策权亦由用户把控。在有了互联网大数据的统计分析能力之后,一条信息触及用户后,用户有没有反应、有没有行动是显而易见的。正因为大数据储存和分析能力的提升,每个用户的画像都是清晰的,这就使得互联网产品或服务在生产的同时,可以通过用户的画像达到精准传播且传播效益最大化的目的。

(一)新媒体实体组织及其特征

新媒体实体组织是新媒体运营的直接承担主体,我国的新媒体实体组织主要分为两大类。

第一类是商业型互联网实体组织,它是在互联网时代新出现的,受到互联网思

---

① 刘友芝.新媒体运营[M].中国人民大学出版社,2018:39。

维直接影响的市场化新媒体公司,这些公司往往是由互联网创业者从零开始直接创办的互联网市场化应用的新媒体实体组织,其中影响力较大的有谷歌、Facebook、苹果、阿里、腾讯、百度、京东、新浪、网易、小米、滴滴出行等。这类新媒体公司的兴起主要源于用户在互联网时代下对技术、服务等新的需求,它们以创造或满足用户的新需求、新体验、新要求为目的而建立,没有可以依靠的传统媒体与信息平台,客观上先天具有适应互联网商业生态环境变化的快速反应和能力,并承担自负盈亏的具体运营结果。这类市场化新媒体公司以用户为主,属于典型的用户驱动型互联网运营主体,是新媒体实体组织的主导类型,大多是提供网络内容、网络关系、物联服务和其他线上线下连接服务的新媒体公司,简称为互联网新媒体公司。

第二类源自传统媒体的新媒体实体组织,是以传统媒体形式、内容和理念为基础,受互联网新传播技术影响而转型的新媒体,即转型类新媒体组织,比如人民网、新华网、央视国际、凤凰网等。这类新媒体组织以人民日报社、新华社、中央电视台、凤凰卫视等传统媒体平台为依托,其传播理念、用户群大多没有发生质的变化。新媒体之"新"的意义是相对而言的,互联网的出现对它们影响主要体现在技术层面,但从组织的基础产权性质以及内容传播的角度上看,并没有发生脱胎换骨的改变,其本质上是传统媒体在互联网技术外壳下的全新媒体表现形式,能够使用户更快地接收信息并在其所提供的平台上进行互动,但其依然受到用户群体的使用特点、内容需求以及自身理念的限制,与市场化新媒体公司有较大的不同。目前这类新媒体实体组织存在着一些较为明显的制约屏障,如互联网思维理念、技术更新速度、体制机制以及新媒体人才滞后,因而其在互联网商业生态竞争环境下反应相对迟缓、创新速度和用户竞争力不及原生态的新媒体公司,属于以传统媒体自身需求为主的转型类互联网运营主体。

(二) 互联网用户及其特征

对于新媒体实体组织来说,谁掌握的用户越多,谁离用户越近,谁创造的用户价值就越高。从我国互联网二十多年的实践发展过程来看,互联网的用户特征、用户规模等因素对新媒体实体组织的生存和发展产生了重大的具有现实意义的影响。

在新媒体运营中,新媒体实体组织作为直接的运营主体,首先面对的是"用户是谁"的选择,包括对用户的年龄、性别、职业、收入等自然属性以及用户习惯与偏好等的筛选。我国网民以中青年群体为主,并持续向中高龄人群渗透。截至2018年12月,10—39岁群体,占整体网民的67.8%,其中20—29岁年龄段的网民占比最高,达26.8%。40—49岁中年网民群体占比由2017年底的13.2%提高至15.6%,50岁及以上的网民比例由2017年底的10.5%变为12.5%。网民男女比例为52.7∶47.3,与2017年同期基本持平,网民性别结构趋向均衡。截至2018年12月,我国手机网民规模达8.17亿,全年新增手机网民6433万,网民中使用手机上网的比例由2017年底的97.5%,提升至2018年底的98.6%,如图1-2。2018年11月,15—19岁年龄段网民人均手机 App 数量多达 59 个,其次为 20—29 岁,网民人均手机 App 数量为 45 个。20 岁之后的网民人均手机 App 数量随年龄增长逐步减少,60 岁及以上网民人均手机 App 数量为 28 个,[①]如图 1-3。

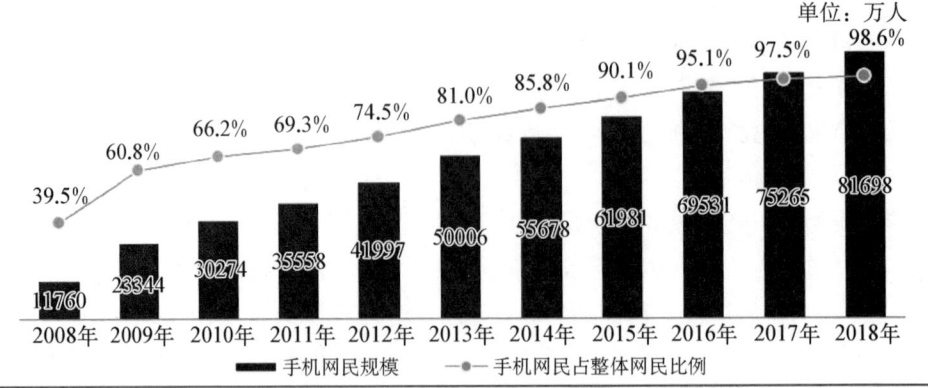

图 1-2　手机网民规模及其占网民比例

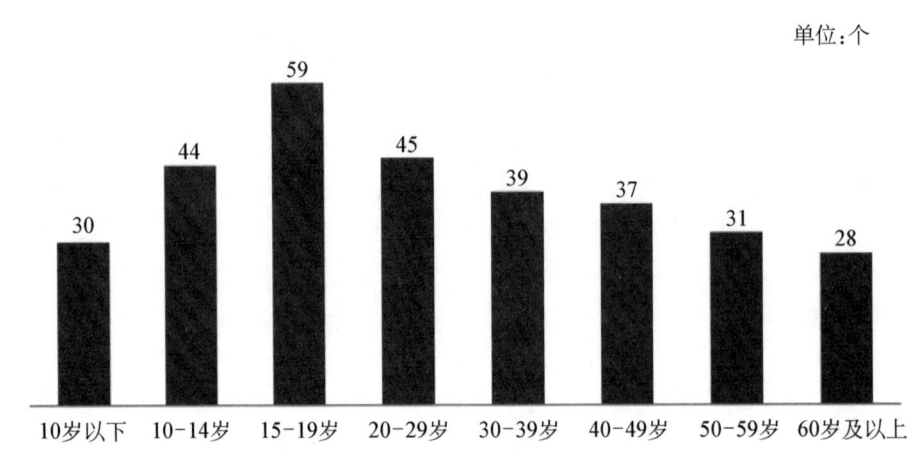

图 1-3　各年龄段网民人均手机 App 数量

从互联网实践来看,绝大多数互联网产品或服务是年轻人率先使用。年轻人是互联网时代接受新鲜事物最快和消费观念超前的特殊人群,也是新媒体公司最为青睐的种子用户。其用户特征是年轻、爱尝鲜、爱传播,这些特征就成为新媒体公司重点攻克主体对象的切入点。互联网新媒体公司研发的一款产品或服务,一旦被年轻人普遍接受,很快就会引起全社会其他人群的关注。因此,对于新媒体公司而言,开发互联网应用产品,尤其是娱乐休闲和社交应用产品,最开始应重点关注年轻用户是否喜爱,"得年轻人得天下",年轻用户是新媒体公司的重点用户群体。

---

① 引自 CNNIC 第 43 次《中国互联网络发展状况统计报告》。

三、新媒体运营的主要任务

我国新媒体的崛起发生在从 2009 年新浪微博出现到 2011 年微信产品上线的这段时间,由于微博、微信社交媒体的发展,以及各种手机客户端在国内的流行,制造了大量互联网运营人才的就业机会,新媒体运营这个岗位也从早期的职能模糊,发展到现在岗位设置和要求都逐渐明晰。那么,具体来说,新媒体运营的主要任务是什么呢?

主要有如下四个部分:

一是内容运营。根据新媒体的特征之一——原创性,新媒体运营工作中很重要的一部分就是内容运营。内容运营是指在拥有产品或者资讯的前提下,进行内容选题、内容策划、内容创意、内容采写、内容编辑与排版、内容推送、内容置换等与内容创造、搬运、整合和推荐相关的运营工作。二是活动运营。活动运营一般是指以产品的特点和对产品人群画像的分析为基础,通过创意传播或者奖品奖励的形式,带有明确的动机去策划相关的活动,其目的是实现用户新增、品牌曝光和产品售卖等。三是用户运营。对于用户运营,现在业内已经基本达成了共识,就是围绕用户进行有关拉新、留存、促活和转化相关的运营动作。如果从产品的生命周期来讲,就是在用户的注册、使用、活跃与付费的相关重要节点上,通过种种运营手段,进行用户的开源和节流。四是社群运营。一般比较常见的运营工作就是上述的内容运营、活动运营和用户运营三类,但在这里,要加上一个社群运营,不仅是为了顺应当下形势,这也是在一线工作中很重要的一项运营内容。2015 年被称为社群元年,但是 2016 年才是社群理性健康成长的元年,而且在 2016 年的各大企业招聘会上,也出现了一些社群运营岗位的招募。那么,何谓社群运营呢?社群运营,就是通过一系列运营手段,聚集一批用户并维系这些用户的活跃度,通过管理、刺激和激励增强组织成员与管理者、成员与产品之间的信任感和依赖度。比如,通过社群运营手段,使人们对人格型的意见领袖产生信任,对产品型社群中的产品产生情感等。

四、新媒体运营的人才培养和市场需求

中国高校开设新媒体专业课程是一个很好的市场反应,一方面是企业需要高校培养更专业的人才,另一方面是高校通过开设新媒体专业课程既满足了市场需求又能有效获取生源。

(一)新媒体运营的人才培养

据英国总领事馆文化教育处 2009 年 12 月发布的全球学生留学决策调查,自 2006 年以来,大众传播课程已经连续 3 年进入最受欢迎的五大课程行列。在国内,2010 年教育部首次组织新媒体与信息网络专业申报,2011 年中国传媒大学(南广学院)开始招收新媒体与信息网络专业学生,2012 年湖南师范大学等 8 所高校进行此

专业的招生。后经过专业名称修订，2013年本科专业招生目录中不再有新媒体与信息网络专业，统一开设网络与新媒体专业。2013年首次批复28所高校招生，2014年批复20所高校招生，2015年批复29所高校招生，该专业文理兼收，毕业授予文学学士学位。

新媒体的出现不仅改变了过去的信息生产机制，同时也引起了新闻传播教育的革命，各大高等院校纷纷开设与新媒体相关的专业以适应市场对专业人才的需求和相关理论指导的研究需要。在目前设置了新媒体专业的高校中，它们不再把培养记者作为新闻传播专业的主要方向，而是把培养一批泛媒体、宽口径、复合型新闻传播人才当作教学改革的主攻方向。

这种教育理念的改革不仅适应了当下经济发展的需要，也引发了新闻传播教学理念的革命与创新，这是经济发展的必然，也是高校适应市场发展的新探索和新起点。

（二）新媒体运营的市场需求

根据院校网站在招生简章中对新媒体相关专业的发展前景描述，此专业的学生通过系统学习，毕业后能在各级党政机关、部队、院校、企业等从事网络新闻宣传与媒介传播优化等工作，在各级报社、广播电台、电视台及其网络平台、大中型网络媒体等从事媒介内容生产与媒介经营管理等工作。

新媒体人才的市场需求体现在以下四个方面：

1. 传统媒体逐渐向新媒体方向转型，新媒体人才成为媒介机构的"抢手货"。互联网已经改变了媒体的生产方式和生存形态，报纸逐渐向网络版、手机版转型，甚至出现了"报纸消亡"的趋势，广播、电视也不固守在传统的频率和频道内，转而投身网络广播、网络电视。

新闻节目的编排和制作已经完全进入了网络时代，由媒体技术带动的新媒体的发展已经渗透到媒介的每一根神经，网络逐渐成为采集、传播和消费信息的主要渠道。互联网改变了人们的生活方式、生活习惯、思维方式，融合传统媒体的先进成分，同时用现代传播技术推动的新媒体已经成为信息时代新闻传播的发展方向，新媒体人才成为媒介机构的时代新宠。

2. 新媒体传播人才是信息时代各级机关的紧缺人才，市场缺口很大。从某种意义上来说，信息也是生产力。信息传播是任何机关维持正常运转、建构政府形象、扩大自身知名度、扩展业务范围的关键策略。原有的宣传部已经不能满足现代信息传播的需要，一旦发生负面新闻，宣传部靠原有对真实事件的隐瞒，不仅没有封锁信息，相反还会影响本单位的社会形象。

但是现有的宣传、公关部门大多停留在传统媒体的观念里，缺少充分利用掌握现代传播技术的新媒体人才的概念。由于高校专业设置与经济发展、市场变化的不同步，导致了新媒体专业人才培养的滞后。开设新媒体专业是根据人才市场结构调整的明智之举。

3. 随着经济全球化的深入，各种所有制企业的发展，特别是跨国公司的深入推动，综合信息的准确、快速、全面传播能为企业带来的经济价值得到了明显的体现。因此，对综合信息人才的招揽已经成为企业发展的当务之急。

新媒体人才已成为企业的"生产要素"，利用现代传播技术进行调查、分析、研究，这些新媒体人才能为企业的未来发展提出科学规划，可以算作企业竞争的"无形资产"。

4. 高等院校传统的新闻传播学培养模式已经不能满足时代、社会发展的新需求，调整高校新闻传播教育的培养模式已是大势所趋。中国的新闻传播学教育起步较晚、培养方式各不相同，但跟风、模仿、粗放型的多，创新、有特色、集约型的少，这就导致了我国新闻传播学人才培养模式和格局的严重失衡。特别是一些中等规模高校"组装型"的培养模式，这是一种新闻传播人才的"揠苗助长"式生产，在满足当代新闻传播人才需求的同时也为新闻传播学教育的深入发展埋下了隐患。

新媒体传播学尽管在大的方向上依然属于新闻传播学的范畴，但其学科设置的主要框架、培养人才的方式、课程包含的新技术成分与以往相比大相径庭。新媒体传播专业注重培养人才的创新性、综合性、技术性、实践性及可塑性，这意味着该专业设置是个开放的学科体系，它融合了现代传播学的最新成果，紧跟时代、社会发展步伐，有必要及时开创和架设新的理论体系。

第二章　新媒体内容运营

新媒体飞速发展的今天,越来越多行业乃至个人开始利用新媒体平台去推广自己的产品,以便提升知名度和行业竞争力。但个人或企业运营的产品想要在众多新媒体产品中脱颖而出却绝非易事,坚持"内容为王"是获胜条件之一。本章主要从文章标题、正文、图片及排版这四个方面对新媒体内容运营进行阐述和分析。

第一节　标题创作和优化

一篇文章,读者最先浏览到的是什么?显而易见的是标题。数据显示阅读标题的人数通常是阅读正文的 5 倍,好的标题才能让浏览到的人点进去阅读文章,进而才能转化为文章的读者。因此,文章标题的拟写十分重要,而掌握标题的创作技巧也就成了每个运营者必须具备的技能。

下面将介绍拟写标题和标题优化的相关方式方法,如拟写标题前的注意事项、标题需要满足读者哪几大需求、常用标题的写作手法和实用标题的创作方式等。

一、拟写标题前的注意事项

在给文章取标题之前,运营者首先要了解拟写新媒体文章标题的注意事项,降低在实践中犯错的可能性。

(一)明白标题的作用

在日常阅读中,所有人都几乎有过被文章标题吸引进而点击阅读文章的行为,这个行为就可以说这个标题成功了,进而文章也就成功了一半。对于新媒体的运营者来说,当发布的文章被浏览者点开阅读时就获得了点击量和阅读量,而点击量和阅读量在某种程度上就意味着效益。所以,运营者在给文章拟写标题之前,首先要清楚在新媒体上传播的一篇文章,标题在其中所承担的分量,只有明确标题需要起到的作用,才能更有针对性地去拟写。

一个好的文章标题,应该具有以下几个方面的作用:

(1) 提炼文章内容。
(2) 勾起读者好奇心。
(3) 引起读者代入感。
(4) 增加点击量、阅读量。

（二）明白标题创作的原则

标题的创作不能为了夺人眼球就去夸大其谈、无中生有，而是应该遵循一些原则，在此基础上完成好标题的创作。这些原则有三条：

1. 换位原则

所谓的换位原则即是"换位思考"，运营者需要站在浏览者的角度去思考他们想要看到什么样的内容，也就是把自己当作浏览者，去思考怎样的标题是浏览者感兴趣的、想要看到的。有一个小技巧，是运营者在拟写标题之前，先上网搜索与文章内容相关的关键词，就可以从浏览器中得到搜索结果，只需要查阅其中排名靠前的文章标题，找寻其中的规律，进而运用到自己的标题拟写中去。

2. 知名原则

案例：
比起《战狼2》，《红海行动》更配得上56亿票房
从警匪片到《红海行动》，导演林超贤如何打开全新类型片空间

所谓知名原则就是在标题中出现知名元素，这其中包括了时下知名或者火热的人物（比如《战狼2》，林超贤）。除此之外，知名元素还包含了知名事件、知名短语（比如糟了，是心动的感觉/有钱就是任性等）、知名作品（比如上述案例中的《红海行动》）。

3. 体现文章主旨原则

一条好的标题应该让浏览者看见它第一眼就明白它想要表达的内容，要浅显直白、通俗易懂，由此知道该文章是否符合浏览者需求，进而继续阅读下去。而标题是否体现了文章主旨就更是检测标题好坏与否的标尺，俗话说"题好一半文"，就是指标题拟写的优秀就等于文章一半的价值。切勿为了博眼球，而使标题与文章内容完全脱离，这会直接影响浏览者的阅读体验，严重的更会取消对其的关注。因此，运营者在拟写标题时，需要格外注意标题能否体现文章主旨内容这一点。

二、标题应满足的四大需求

一条成功的标题能吸引到浏览者的其中一个重要原因是可以满足浏览者的需求。下面给大家分别介绍这些需求：

（一）好奇需求

所谓好奇需求就是指标题带来的神秘感，让人想要去了解。有时看一个标题就知道运营者的编辑水平如何。

案例：

雷军回应小米造车

这个标题没有明确指出小米会不会造车，引发浏览者的好奇心，如果写成"雷军称小米不会造车"，就大大降低了阅读的兴趣。运营者在编辑文章标题的时候就可以利用浏览者的这一心理，将标题拟写得充满神秘感，满足浏览者的好奇需求。一旦浏览的人数增多，那么一定程度上也就增加了被转发的概率，浏览的人数就会进一步增多。

（二）实用需求

所谓实用需求就是能满足浏览者的实在需求，这里面包含了利益，也包含了有价值的内容。首先说利益，人们都会对关系到自己切身利益的事情多加关注，这是一种正常心理。运营者在拟写标题时就可以利用这一心理，将文章标题打造成与浏览者切身利益相关的内容，引起浏览者注意。

但拟写这种实用标题，有一点需要格外注意，那就是标题与内容不符，只是哗众取宠，但文章内容却毫无实用价值，这反而会导致浏览者反感，再看到此类型标题时直接选择忽视。所以，当文章内容确实与浏览者利益相关时，就可以利用实用需求去拟写标题。

以微信公众号标题为例，如图2-2所示是"中国石化江苏客户服务中心"公众号（左）、"中国东方航空"公众号（中）以及"宜家家居"公众号（右），这三个公众号文章标题。

其次说有价值的内容。互联网发展迅猛的当下，很多人都通过互联网去获取知识，进而学到有价值的东西，既可以扩充知识面，又可以增加自己的竞争力等。因此，运营者在给相关文章拟写标题的时候，就可以将这一心理考虑进去，给标题浏览者一种可以提升自己能力的感觉。这种标题跟前面利益相关内容一样，需要做到题文相符，即文章内容确实是有一定价值的。浏览者一旦点击进去浏览，发现文章是有用的，会自发进行二次宣传，也就是转发，推荐给身边更多的人知道。

图 2-2 能满足浏览者实用利益需求的标题

再次以微信公众号标题为例,如图 2-3 所示是"新媒体营销"公众号(左)、"韩语免费学"公众号(右)能满足浏览者实用价值需求的文章标题。

图 2-3 能满足浏览者实用价值需求的标题

(三)情感需求

所谓情感需求就是标题拟写的能引发浏览者的情感共鸣。大部分的人都是感性的,很多人看到有趣的文章会捧腹大笑,看到感人的文章甚至会流泪,因为他们在文章中看到了情感。一条成功的标题就是能引起浏览者共鸣,打动他们。

以微信公众号标题为例,如图 2-4 所示是"十点读书"公众号(左)、"一言南京"

公众号(右)能满足浏览者情感需求的文章标题。

图 2-4 能满足浏览者情感需求的标题

(四) 娱乐需求

娱乐需求就是满足浏览者闲暇时寻找乐趣的需求。当下手机族越来越多,就是人们有事没事都会利用手机浏览网页,或者购物,或者聊天来打发时间,其中在浏览文章内容时经常是为了打发无聊时间,而想找娱乐性强的内容。这时以搞笑、幽默为主的内容就比较符合他们的需求。那么这一类文章的标题就让浏览者感到开心、轻松。

以微信公众号标题为例,如图 2-5 所示是"同道大叔"公众号(左)、"爆笑笑话大王"公众号(右)能满足浏览者娱乐需求的文章标题。

图 2-5 能满足浏览者娱乐需求的标题

三、常用标题的写作手法

前文已经介绍了拟写标题前的注意事项和标题需要满足读者的四大需求,现在就来介绍一下常用标题的写作手法。

(一) 专业教学法

专业教学法是指拟写标题时,以资深经验或者相关领域专家的口吻来阐述内容,这种方法会给浏览者一种专业、可靠的感觉。专业教学法在写作手法上通常表现为向浏览者分享经验,或者给出指导、建议等。

这种类型标题是在新媒体平台上经常出现的标题写作手法。许多浏览者都希望从阅读的文章中获取有用的知识,想从不同类型的文章中获得不同领域的经验和技巧,这时经验式的标题就显得格外引人注目。

拟写经验式的标题需要注意逻辑性和准确性,同时文章内容需要确实体现有价值的内容,向浏览者介绍具有权威性或者学术性,富有经验的内容。

如图 2-6 中,来自"江苏知网"公众号,其中"王汎森院士:怎样写一篇优秀论文,掌握这 9 点就够了!""优质文献查找小技巧,你 get 了么?"都是经验式标题的典型案例。

图 2-6 专业教学法标题

(二) 借势法

借势法是一种常用的写作手法,顾名思义是要在标题中加入时下热点,包括热点人物、事件、短语等，来给文章增加新鲜度，借势推广，进而提高被搜索到的概率。微信公众号、App 文章、网站文章都经常使用这种写作手法来编辑标题，利用热点来提高浏览者浏览到文章的可能性，进而转化为文章的阅读量。而企业所写的营销主题和名人能搭上关系的话，就可以借助名人的影响力来一波明星效应的推广。

利用借势法的写作手法需要注意一点，即时效性。需要在相关热点发生最早或者影响力最大的时候将其运用到标题编辑中，才能使得借势效果最大化，切勿等到热点过去了再推送相关标题的文章，那会收效甚微。如图 2-7 所示为利用借势的写作手法的案例分享。

图 2-7 借势法标题

（三）数字法

数字的写作手法就是直接在标题中加入具体的数据。"人人都是榜单控""榜单是选择困难症者的灯塔"，但数字不一定是榜单，纯粹的列举也可以，加入数字让我们对文章有了预期，并且进一步认为，这篇文章是可控的。

案例：

15 个场景日本动漫里总是重复出现出现出现出现出现出现出现出现

8 道美国人眼中著名的中国菜，其实我们根本没见过

14 张图完全用逻辑思维戳穿美丽人生

（四）悬念法

利用悬念法的写作手法是指在标题拟写时将文章最吸引人的内容在标题中做个铺垫，但不阐述清楚，目的是勾起浏览者的好奇心，进而让他们点击文章去阅读。这种写作手法经常会使用省略号来加强悬念的表现。

案例：

"不听话要被警察叔叔抓走"，父母经常吓女儿，结果……

姑娘遇入室抢劫，竟与歹徒"促膝谈心"，最后……

（五）警告法

警告法的写作一般带有严肃的情感色彩,目的在对浏览者起到警醒的作用。警告法的标题写作一般包括了相关内容特征警告、功能警告、作用警告三个方面的内容。在文字写作上经常以提醒、震慑或是警示的口吻来博得浏览者的注意力。有的标题甚至在运用警告法的同时还结合了悬念法。

案例：
【提醒】你点的网红外卖可能是10天前做的！店家接单后这样处理……

（六）感受法

感受法就是直接在标题中加入具体的感受。

案例：
25张今年《国家地理》摄影大赛的入围照片,美翻了
挪威人有世界上最美的护照,漂亮到根本不舍得签注

上面案例中的"美翻了"和"不舍得"即是体验和感受。此外,疑问、反问、感叹、惩罚……这些也都属于体验和感受类。

案例：
13个优衣库的秘密,不看对不起你的秋裤。

第二节　正文编辑和优化

一、开头的编辑

对于新媒体平台上的文章来说,文章的开头尤为重要,它决定了用户是否有兴趣把该文章阅读完。

一个好的软文开头应该要做到以下四点：紧扣文章主题、文笔吸引人、陈述部分事实、内容有新意。

在这里介绍比较常用的四种软文开头的编辑方式。

（一）开门见山

在新媒体平台呈现的文章开头为了引起读者足够的兴趣一般不建议采用分总的结构，而是总分或者总分总的结构更为合适，也就是需要做到开门见山。顾名思义就是直奔主题，开头就阐明文章的重点及核心人物或事件，而不是过多铺垫，让人摸不清重点。

（二）情景代入

除了开门见山的写作手法之外，还可以采用给读者营造想象气氛的情景导入，在开头有目的地营造软文主旨所需要的气氛，能够让读者在边看文章开头的同时边展开联想，猜测文章接下来所要描述的内容，引起读者兴趣。这就是所谓的想象式情景代入。

（三）引经据典

在文章开头，除了使用叙述式的写作手法之外，还可以利用与文章主旨相符合的名人名言、谚语或者诗歌等。当然，如果运营者足具文采，也可以自行设计扣题又意蕴深刻的句子，但需要注意的是这里一般以短小、精炼的短语为主，既显露了文采，又提高软文的可读性。

（四）巧用修辞

常用的修辞手法有比喻、比拟、借代、夸张、对偶、排比、设问、反问等，运营者可以利用这些修辞手法来编辑文章开头，甚至可以演变出更多的开头写作方式。

二、中间的编辑

一篇文章除去开、头结尾部分，占比重最多的就是中间部分的内容。它包含了文章内所有素材、文字、数字甚至标点符号的排兵布阵。需要运营者根据文章的核心思想和目将所有材料合理编辑，组成一个完整连贯的整体。简单来说就是段落安排。以下介绍四种常用的写作方法。

（一）总分总式

总分总结构的文章是开篇点题，中间主要部分用来论述，其中可以将主要部分分成几个分论点，分别给予阐述，最后在结尾进行总结，也可以给予适当的延伸。采用该写作方法的时候需要注意，分总之间要有紧密的联系，中间分述部分要围绕文章核心内容进行阐述。

（二）悬念式

悬念式就是人们常说的"卖关子"，运营者需要在文章中通过悬念的设置，激发读者的想象和阅读兴趣。通常是在文章中的故事情节或者是人物命运进行到关键时刻时设置疑团,不做交代,或说出一个奇怪的现象而不说原因,使读者产生急切的期盼心理,而后在后续的情节中揭开谜底。

悬念式的写作方法就是将悬念设置好后嵌入情节发展中去,让读者自己去关注去发掘真相,等吸引读者足够关注后,再将答案公布。制造悬念通常可以采用三种方法:设疑、倒叙和隔断。但是这种写作方法,运营者需要注意分寸,问题和答案要符合常识,不要引起读者反感。

(三) 递进式

递进式顾名思义就是层层递进,步步深入,环环相扣。编辑文章时由现象到本质,由事实到道理,这是"递进"的一种方式;先提出"是什么",再分析"为什么",最后讲"怎么样",也是"递进"的一种方式;除此之外,也包括讲道理层层深入。这种写作方法需要运营者格外注意文章内容的逻辑关系,前后顺序不可随意颠倒。好处是文章结构严谨,阐述清晰。

(四) 片段组合式

这种写作手法是利用不同的片段,将其有机结合起来,共同表达一个主题,就是片段组合式。需要注意的是对于片段的选择要具有代表性、生动性,可以更形象地体现主题。用这种写作方法可以在较短的篇幅内多角度地阐述内容,表现人物,或者是描写商品特点、烘托品牌等。

三、结尾的编辑

新媒体上的文章结尾通常都是总结全文、突出主题或者是呼应开头。以下介绍四种常用的写作方法。

(一) 首尾呼应式

在前面介绍文章开头的编辑时就提到一般新媒体文章采用总分或者总分总的结构来编辑,这里介绍的首尾呼应式就是和开头有个呼应,也是最常用的总分总结构写法。

开头提出观点,中间分析观点,结尾总结内容。首尾相呼应的文章从头到尾内容逻辑性会很强,很严谨,可以给读者一种很完整的阅读体验。

(二) 名言名句式

内容之所以能成为名言名句,代表着其意义深远,经久不衰,因此用名言名句来给文章收尾,可以让文章的意境更加深远,也可以向读者传达某种人生的真谛。尤其可以选用感情色彩比较浓郁的励志语或者警示语放在文章结尾,耐人寻味的哲理性或警醒性的名言起到"言已尽,意无穷"的效果。

(三) 点题式

点题式的结尾编辑方式要根据文章内容来决定是否采用此方式。一般是在文章通篇没有明确观点时,可以利用该方法在文章结尾处用简短的语句来明确文章观点,起到画龙点睛的作用。读者在阅读到文章结尾处会有一种恍然大悟、豁然开朗的感觉。这种方式可以在文章最后给读者留下深刻的印象,甚至是深思与回味。

(四) 抒情式

这种结尾的写作方式多用于写人、记事、描述的文章结尾,当然说明文和议论文也是通用的。用抒情的方式结尾重点在于运营者能否将真情流露,用文字传递温暖,从而激起读者情感的共鸣,感受到来自文章运营者的关心与爱护,这是一种能够打动读者内心的结尾写作方式。

四、写作的原则

(一) 可读性高

农夫山泉、脑白金等产品的广告给人们留下非常深刻的印象,为什么?因为它们的可读性很高,人们看了一遍就能记住。文章写作也是一样,不求多么高深,但要朗朗上口,引起共鸣。一篇可读性高的文章能够获得更好的营销效果,也更易获得读者的认同感。

(二) 分享价值高

在当今这个信息共享的社会,将读者转化成内容分享者至关重要。这一前提就是文章本身具有极高的分享价值,内容可以和读者产生共鸣,甚至是在某种程度上帮助到读者,形成思想上的互动,进而让读者自发地进行文章分享,进一步实现文章的价值。

第三节 图片设计和优化

一、大小、色彩、数量的选择

(一) 大小:尺寸要合适

图片大小选择很重要。运用在不同位置的图片,其尺寸也很讲究。所以在图片选择前,运营者第一件事是要了解图片的格式。目前最为常见的图片格式有四种,分别是:jpg、png、gif 和 tiff。jpg 是静态图片最常用的图片格式,而 gif 就动态图片最常用的图片格式。

除了了解图片格式之外,运营者还需要了解在新媒体载体上呈现的图片都是利用网络将其打开,这就代表图片容量越小越容易快速被网络加载出现,反之则越慢。所以我们通常会建议单张图片的容量控制在 2M 以内。

在这里之所以强调图片尺寸要合适,就是为了能给浏览者最佳的阅读体验,因为运营者并没有办法控制浏览者是在 WIFI 的环境内还是在使用手机流量的环境内去浏览文章。一个合格的运营者,需要以给浏览者最佳的阅读体验为出发点去编排文章内容。

(二) 色彩:颜色要舒适

一篇优秀的文章除了文字内容吸引人之外,图片也需要给人带来赏心悦目之感。那么在图片的颜色选择或设计上就要注意给人一种舒服且耐看的感觉。运营者在选择图片前首先要知道图像类型主要有两种,分别是像素图像和矢量图像。

像素图像又称为位图图像或栅格图像。它主要是由一个个不同颜色和位置的像素点组成的,与图像的分辨率息息相关,是目前主流的图像格式。比如数码相机图片、扫描仪扫描的图片及通过抓图软件抓取的图都属于像素图像。

矢量图像与像素图像最显著的区别是,矢量图像不是由一个个像素点构成的,而是根据几何特性定义的对图像的描述,它储存的并不是具体的图片数据,而是构成图像的几何特征,比如直线和曲线的位置。

像素图像和矢量图像都有明显的特点,在颜色选择上也有不同,如图 2-8 所示。

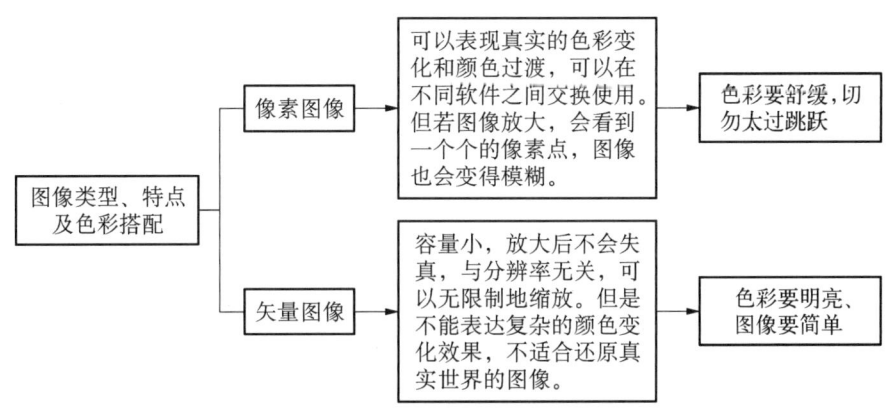

图 2-8 图像类型、特点及色彩搭配

浏览者在阅读文章时大多希望有一个轻松的气氛,视觉上有一个美观的享受,运营者需要根据不同文章的内容去合理搭配图片类型,并且选择色彩适宜的图片。

(三)数量:单图还是多图

就文章中图片选择的数量上来说,一般会基于两种情况考虑。以微信公众平台为例,考虑因素一是一天推送几条图文消息;考虑因素二是文章的内容属性。

1. 一天推送几条图文

众所周知,微信公众号不同的账号类型可以自主设置一天推送多少条图文消息,一般账号类型为订阅号的会一天发多条图文消息,也有的会选择一天只发一篇图文消息;而账号类型为服务号的多数会一周发一次多条的图文消息。那么从发布图文数量上就可以得出,通常来说公众号推送的图文消息越多,所用的图片数量也就越多,反之则图片数量较少。

如下图所示,两张图都是出自"人民日报"公众号,图2-9展现的就是一次发多条图文,图2-10展现的则是只推送单条图文的界面。

图2-9　多条图文　　　　　　图2-10　单条图文

就微信公众号而言,一次推送单条图文还是多条图文都各有特点,具体如图2-11所示。

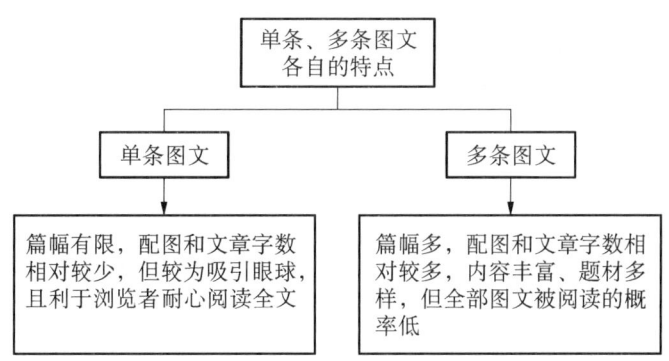

图 2-11　单条、多条图文各有的特点

2. 文章的内容属性

不同公众号的定位不同,发布文章的内容也不尽相同,这就使得每篇文章内的配图数量是不确定的。

有的文章在进行内容编排时,为了突出文笔,可能只选择插入一张图片。而有的文章为了更好地展现内容,更加生动形象,会选择插入多张图片做展示。也有的文章会选择将文字内容制作进图片中,做成一张长图嵌入文中,这就需要利用之后要说的,巧用 PS 助攻。

不同的选择是由文章内容属性决定的,切勿为了展示图片而展示。如图 2-12 是"广电独家"公众号中有关电视剧《天盛长歌》的一篇插入多张图片的推文内容,为的是更形象地介绍这部剧的创作背景及意义。

图 2-12　"广电独家"公众号上多张图片排版案例

而图 2-13 则是来自"罗辑思维"公众号一篇推荐书单的文章,其中为了突出内容，就只在文章开头插入了一张图片。

图 2-13 "罗辑思维"公众号上一张图片排版案例

这两种方式完全是根据文章的内容决定的，拥有各自的特征，如下图所示：

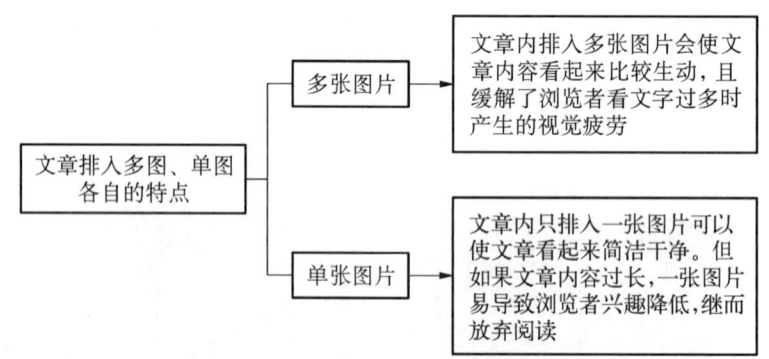

图 2-14 文章排入多图、单图各自的特点

二、利用 PS 优化

已知图片的重要性，运营者在编排文章时离不开图片的辅助，那么为了能让图片更好地发挥其作用，有时候就需要将其更加美化，这时候就需要给图片 PS。这里的 PS 只有两种：一种运用在拍摄时，一种运用在拍摄后期。

（一）拍摄时

文章内所采用的图片来源通常非常多样，大部分会通过网络获取免费可使用的图片，也有的会使用企业或者个人自己拍摄的，更专业一点的则会付费购买专业摄影师或者专业图片平台上的图片素材。

其中对于使用自己拍摄图片的运营者来说，只要在拍摄时注意拍摄构图、角度、色彩等因素，就可以得到一张不错的图片，甚至可以借助照相软件的辅助，在拍摄同时就给图片进行 PS 加工，达到美化的效果。

（二）拍摄后期

除了通过在拍摄时对图片加以美化，当图片拍摄完成后，如果运营者还是不够满意，此时就可以利用图片后期处理软件去完善。较为熟知的图片处理软件包括了强大且专业的 Adobe PS，也包括了简单易上手的美图秀秀，当然还有很多其他软件。运营者可以根据自己的喜好和能力去选择适合自己的软件。

三、制作长图文

前面我们在介绍图片数量的时候，提到除了单图、多图还有一种叫"长图文"。长图文是在新媒体内容中极为常见的一种表现形式，富含极强的表现力，微博、微信公众号里面运用的尤其多。

所谓的长图文，是将文字设计进图片中，再借由图片去表现文字内容，两者相辅相成，相互描述，使得内容更加形象、生动。更为有利的一点是，长图文通常会使得浏览者浏览起来轻松、有趣，转发量也比较高，如图 2-15 所示。

图 2-15

四、善用动图

在我们日常浏览新媒体上面的文章时，不难发现经常会有动图的图片形式在文章中加以表现。

相较于传统的静态图,动图会使得图片更加动感,静态图展现了事件定格的一瞬间,而动图则能还原事件发生的过程,更加形象和具体,显而易见的是动图拥有更为强大的表现能力。

在以美食为主或是影视类题材为主的文章时,运用动图表现就尤为多了。如图2-16所示的"南京吃货姐"公众号(左)展现了翻滚的潮汕火锅汤底。

图 2-16　美食类动图

第四节　版式编辑和优化

运营者对于内容运营除了掌握上述几个方面外,还需要对内容版式有着独到的布局和审美。那么下面为大家介绍版式编辑和优化,主要围绕以下三个方面展开:

一、设置导航栏。
二、头尾版式的作用。
三、借助第三方编辑器。

熟悉及掌握这三个部分的内容会对运营者在内容版式编辑上有着极大的启发和帮助。这三个部分在微信公众号的版式排版中运用的尤为明显。

一、设置导航栏

新媒体平台上往往会让入各类文章内容,为了能让浏览者最快速地找到自己想要阅读的内容,就需要设置导航栏来解决这一问题。这里的导航栏和互联网网站里的菜单栏是一样的目的。

手机 App，尤其是新闻类的 App 导航栏运用的尤为广泛，如图 2-17 是今日头条 App 首页，点击首页右上角就可以进入自我编辑区域，在这里用户可以自由选择对什么内容感兴趣，点击加入"我的频道"，如图 2-18。加入之后，今日头条 App 就会优先推送相关内容，而这一技术的实现一般由专业的技术人员在 App 后台设置，这里我们就不做过多阐述，我们主要给大家介绍一下微信公众号如何设置导航栏。

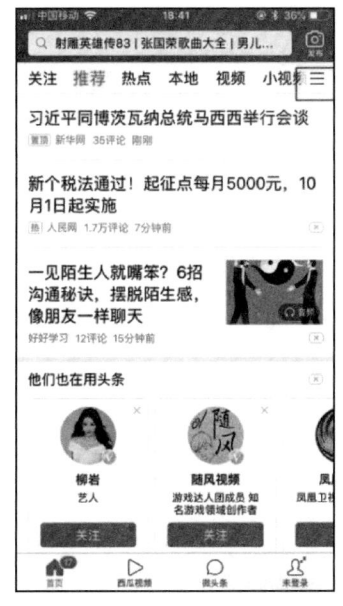

图 2-17　今日头条 App 首页　　图 2-18　"我的频道"编辑区

设置导航栏之前，首先要了解导航栏设置的意义，了解清楚之后才能便于运营者更有效的设置合理的导航栏。导航栏设置的意义主要有四个方面，一是便于浏览者搜索，优化阅读体验；二是展示该平台的特色；三是增加该平台的主动性；四是为了能够带来更多的浏览者和点击量。

在了解导航栏设置的意义之后，运营者需要知道在公众平台上，可以自主设置导航栏的地方主要有两处：一是设置自定义菜单栏，二是文章的分类栏。

（一）设置自定义菜单栏

运营者在给平台设置自定义菜单栏之前，首先要了解设置的规则。根据现在微信公众平台的规定，一个公众号最多创建 3 个一级菜单，一级菜单名称名字不多于 4 个汉字或 8 个字母。而每个一级菜单下的子菜单最多可创建 5 个，子菜单名称名字不多于 8 个汉字或 16 个字母。在了解可设置的数量之后，接下来给大家介绍下如何给公众号添加菜单栏。

首先，在电脑上登录微信公众平台的官网，登录之后在微信公众平台的首页左侧的功能栏中找到"自定义菜单"按钮，然后单击进入，就会进入到自定义菜单的设置页面,单击最下方的"添加菜单"按钮,如图2-19所示。

在执行此操作之后,就会进入自定义菜单编辑页面,如图2-20所示。在这个页面中,运营者要在相应位置输入一级菜单名称以及相应的内容,相应内容包括了图文消息,或仅仅是一张图片、一段语音、一段视频,设置好后单击"保存并发布"按钮即可。

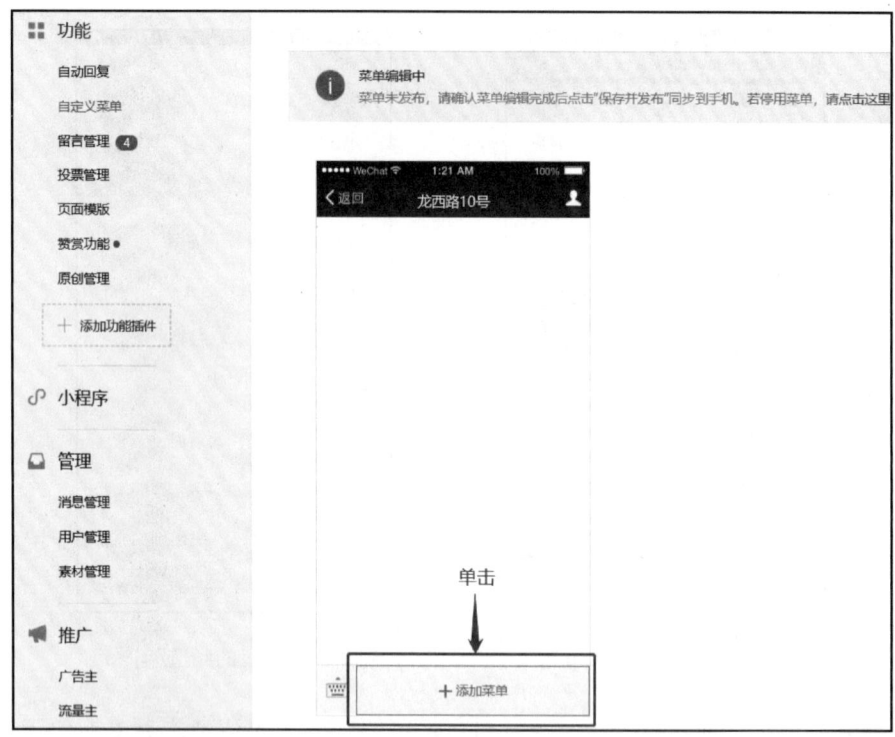

图2-19　单击"添加菜单"按钮

图2-20　输入一级菜单名称

一级菜单设置好后,运营者要设置子菜单的内容,如图2-21所示。单击一级菜单上的"＋"按钮,就能进入子菜单内容编辑页,运营者输入相应的内容,单击"保存并发布"按钮即可。

图2-21　单击"＋"按钮输入子菜单内容

（二）文章的分类栏

除了微信后台本身提供的自定义分栏可以设置导航栏以外,运营者还可以通过小标题来对文章进行分类。就是直接将文章属于哪一类范畴的小标题加在文章标题最前面,同时利用符号将小标题加以强调,使其显得更突出。完成形式就是例如："【攻略】＋标题""攻略:＋标题"等形式,这部分形式运营者可以自由发挥想象。如图2-22就是公众号"人民日报"给文章做了小标题分类。

图2-22　"人民日报"公众号给文章加了小标题分类

二、头尾版式的作用

细节决定成败。在对新媒体内容进行编辑的时候,除了要做好正文内容的排版,还要注意文章开头和结尾的设计排版工作。有时候出彩的开头或者结尾也会大大增加读者的好感度,这一点在微信公众平台运用得更为明显。下面就为大家分析一下开头、结尾版式的作用。

(一)开头增加关注

相信大部分人每天阅读微信公众平台推送的文章时,都能够发现基本每篇文章的开头都有"增加关注"的小设计,如图2-23所示。

图2-23 文章开头增加关注的公众号案例

很多时候很多人会有疑问,为什么这种关注的广告要排在文章的开头。其实,把它排版在开头主要是因为微信软文将点击关注的链接设计在了每篇文章的最上面,这就需要运营者要把增加关注的设计安排在文章开头,以此来最有效地达到增加平台关注量的目的。

(二)结尾增加点击量

目前许多微信公众号会采用在每篇文章尤其是每日头条的文章结尾处做一个推荐,推荐该平台上已经发过的某些优秀文章,以"南京吃货姐"公众号为例,它就是在有些文章结尾处排版设置了"推荐阅读"的链接,如图2-24所示。

还有的公众号会在文章的最下面设置一个"阅读原文"的链接,如图2-25所示,阅读原文里面大多数是对文章的一个补充或者是动态展示。

这两种做法,都能更全方位展示公众号的内容,让读者可以更深一步了解该平台,以此来增加关注。

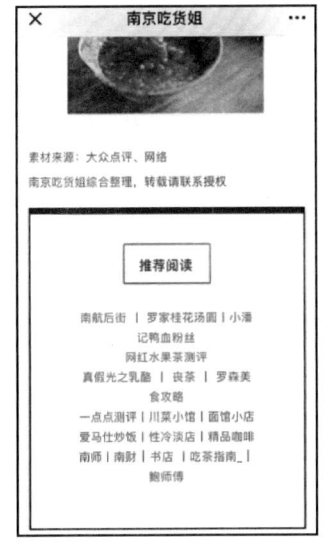 

图 2-24 文章结尾设置"推荐阅读"　　图 2-25 文章结尾设置"阅读原文"

三、借助第三方编辑器

对运营者来说,最常用的编辑器除了微信后台之外,还有很多更为便捷的第三方编辑器,例如 135 编辑器、秀米 XIUMI 编辑器、i 排版编辑器、小蚂蚁编辑器等等。使用这些编辑前,运营者需要了解到这些微信编辑器其实不存在哪个最好用,因为个人习惯不一样,编辑器风格也不一样,只需选择最适合自己的即可。这里主要介绍三款常用的编辑器。

（一）135 编辑器

进入 135 编辑器,只需要在浏览器输入网址:http://www.135editor.com/或者输入"135 编辑器"点击第一条搜索结果即可进入编辑器页面。135 适用于简单的长图文编辑。需要注意的是它对浏览器有一定的要求,如图 2-26 所示,是进入编辑器

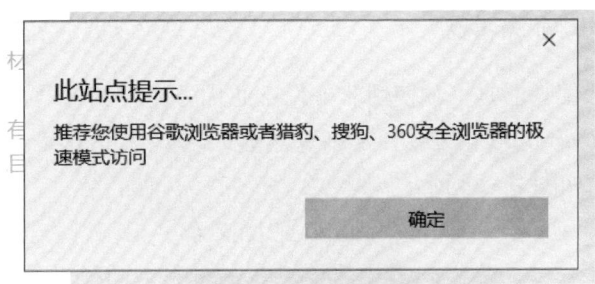

图 2-26　135 跳转提示

页面时自动跳出的提示框,建议使用谷歌、猎豹、搜狗或是 360 浏览器,这是运营者需要注意的。

进入 135 编辑页面后就能看到其主页面,如图 2-27 所示。

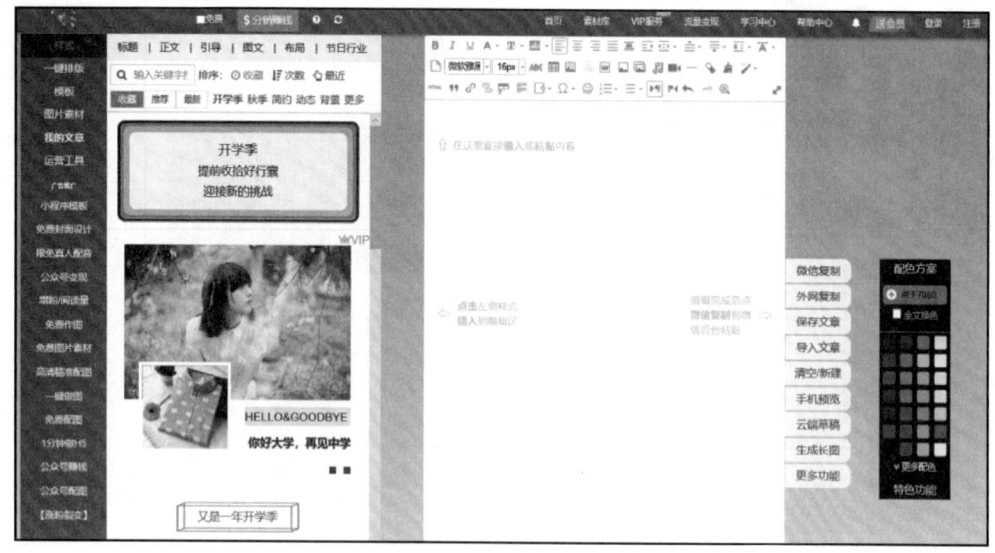

图 2-27　135 编辑主页面

可以看出 135 编辑器页面从左到右依次为:菜单栏、样式展示区、编辑区、操作按钮区。从上到下依次为:分类区、推荐区、样式区。样式库里的样式被收藏后,可被直接使用。

总的来说,135 编辑器的特色可以列为 5 个部分:

1. 操作简单,选择需要的样式,点击插入,更改样式中的文字即可。
2. 特殊场景设置,提供更加多样化的样式。
3. 格式刷设置。选中内容,选择格式刷中任意样式,即可更改内容的样式。
4. 配色方案设置。选择颜色可更改所有背景以及文字的颜色,或者选中某些内容,即可更改该内容的颜色。
5. 直接点击"复制内容"按钮,即可复制所有内容。

(二) 秀米 XIUMI 编辑器

秀米 XIUMI 编辑器是一款使用非常广泛的优秀内容编辑器,可通过官网进入,网址为 https://xiumi.us/#/,或者在浏览器输入"秀米"点击第一条搜索结果即可进入编辑器页面,如图 2-28 所示。

从上图可以看到,秀米编辑页还提供了"图文新手指南",点击进入可以看到详尽的内容,这里就不一一赘述了,其中需要注意的是秀米同样对浏览器有所要求,如图 2-29 就是新手指南里的内容,为了避免页面不兼容而出现各种错版、图片丢失等问题,建议使用谷歌浏览器。

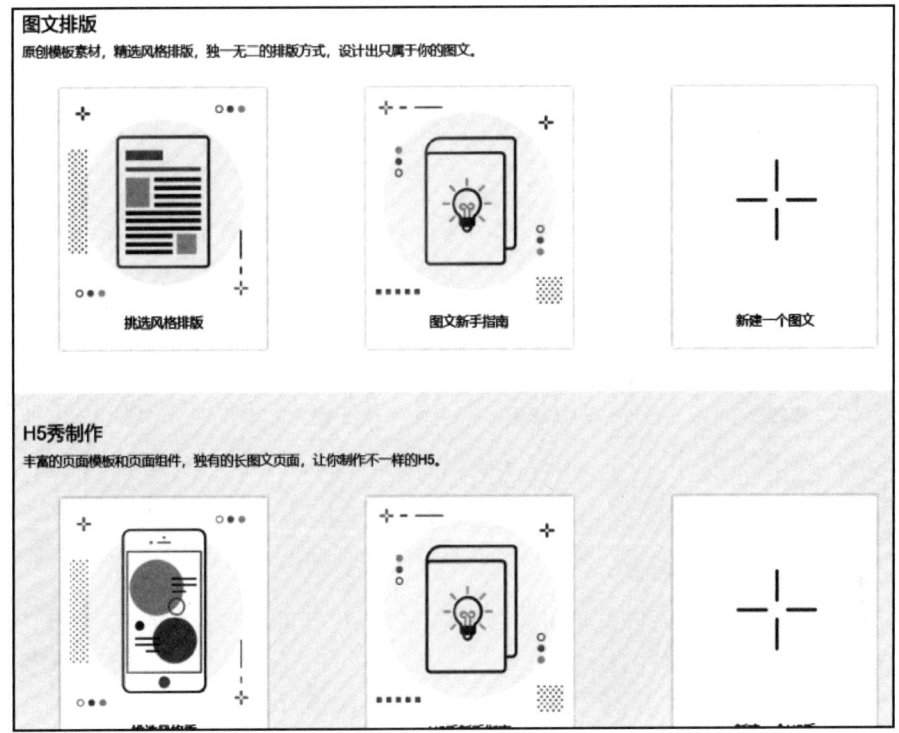

图 2-28 秀米编辑器首页

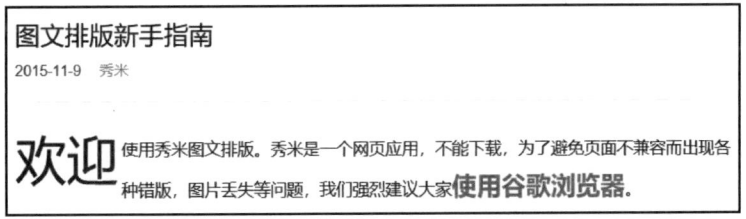

图 2-29 秀米图文新手指南内容

秀米 XIUMI 编辑的优点可以总结为 4 点：

1. 独特的布局功能。
2. 独立预览链接。
3. 杂志风样式。
4. 操作便捷易上手。

（三）i 排版编辑器

i 排版也是一款很优秀的编辑器，花式独特，功能独特，同时 i 排版的运营知识比较全面，这点从它们家的官网首页可以看出来，如图 2-30 所示，i 排版的官网是 http：//ipaiban.com/bianji.jsp。

图 2-30 i 排版官网首页面

同时 i 排版还有一大特色是可以设计签名,运营者可以将设计的签名和二维码一起放在图文的最后,便于读者关注。

一篇文章的好坏与否,除了内容,排版同样需要格外注意。保证软文排版格式正确甚至将其美化。排版好的文章可以做到段落分明,标题简洁醒目,让读者一目了然,不仅可以提高读者的阅读速度,还可以给读者带来很好的阅读体验。

第三章 新媒体吸粉引流的方式

新媒体时代,坐拥海量的用户规模是产品实现商业变现,进一步获取高收入的根本来源,如2016年微信、新浪微博、支付宝、手机百度、今日头条、滴滴出行等,其月活跃用户和日活跃用户都至少达到了几千万级别甚至上亿级别,上述新媒体产品所累积的巨量用户规模,是其获取以亿计算的巨额收入的主要来源。

新媒体组织开发的互联网产品的商业模式与传统媒体、传统行业产品的商业模式有着本质的区别。它以开发满足一定时期用户真实需求和体验要求为起点,以创造海量用户为支点,开发和获取特定的收入模式,从而成就一批收入和盈利模式超强的新媒体公司。因此,就新媒体企业而言,如何吸粉引流显得格外重要。

第一节 吸粉策略

企业的商业模式,是将用户价值转化为商业收入的模式。新媒体时代,企业应以其产品为基础,通过运营获取用户,通过用户获取收入,从而获得商业价值。因此,如何获取用户,且维系用户黏性至关重要。

一、利用"免费使用",聚集基础规模用户

新媒体公司想要获取盈利的首要目标是拥有大量的粉丝也就是其用户。获取盈利的核心是规模性,指的是用户数量的规模性。新媒体公司需要用其产品先获得用户,然后在海量用户的规模上实现流量变现或者资源变现,这也是当下新媒体时代许多企业盈利的基本逻辑。但是想要吸引一定规模的用户并非易事,还要保证其用户的属性是具有黏性且活跃的,更是难上加难。这就要求新媒体企业在发展初期不应以盈利模式为根本诉求,而是要站在用户的立场,着眼于怎样的产品能更好地吸引用户,服务用户。

以滴滴出行为例,其上线较长时间内的运营方式依然是两边补贴的方式,同时补贴给司机和乘客。其根本目的就是为了吸引更多的用户,同时培养人们的使用习惯,也就是增加用户黏性。这就是互联网新媒体公司运营的第二步。好的产品,需

要经过一到三年乃至更久的时间去积攒大量用户,只有用户量达到几万、几百万、几千万甚至上亿时,其产品才能形成大规模的收入和利润。

二、细化吸粉策略,构建富有黏性的活跃用户

在拥有基础规模的用户之后,如何让沉睡的存量用户资源转化为实质性的可变现的精准活跃用户是新媒体运营者需要进一步探寻的问题。

细化吸粉策略是构建有黏性的活跃粉丝很重要的运营策略,以下是几种常见的吸粉策略。

(一)利用"社交化"构建有来有往

在移动互联网的用户"碎片化"时代,无论何种优势网络服务产品,若没有相应的"社交化"产品作为辅助支持,都将与用户存在最后一公里的距离。而"社交化"是用户关系连接的首要步骤。它将分散的"碎片化"用户"聚沙成塔",使之形成兴趣爱好相似的社群。因而,进一步开发相应的社交产品是打造有温度的用户关系连接的标配策略。如百度搜索产品,开发与用户互动的百度贴吧;阿里电子商务产品,开发"来往";小米的"发烧友""米粉";而腾讯的 QQ 和微信是天然的强社交关系产品,用户对 QQ 和微信产品的黏度很高。因而其活跃用户规模十分强大,达到数亿。传统媒体的内容为王的产品策略,在移动互联网的用户"碎片化"时代,由于缺乏有效的社交产品的支持,因而与用户连接失效,这也是优质内容产品商业变现能力弱的原因之一。认识到移动互联网时代社交网络连接用户关系后,诞生于 2006 年的美国 Buzzfeed 新闻综合类网站,从 2014 年初起改变新闻生产和传播策略,针对 30 个不同的社交网络的用户定位,专门整合与之相适应的新闻内容并专门发送到其对应的社交网络。通过这一"社交化"用户关系连接策略,Buzzfeed 的用户和收入都取得了惊人的成绩;每月来自美国的独立访客达到 8 000 万,2014 年收入高达 1 亿美元,2016 年其新闻网站的市场估值高达 15 亿美元。[①]

(二)利用"个性化"构建精准推荐

"社交化"是建立用户关系连接的首要步骤。但社交化所建构的社群,需要社交成员的个性化表达,才能保障社群的活跃度,因而个性化的资讯、视频和其他用户使用体验更好的个性化产品,才能进一步打造有温度的用户关系连接策略。"个性化"用户关系策略主要有两大类。

其一,基于更好玩的"个性化"用户关系连接策略。在一些社交网络中,一些当下普通网民迫切需要了解的原本晦涩、专业的相关政府和行业类甚至生活类的新闻报道、统计报告(如经济类、法律类、环保类、医疗健康类、体育类资讯),可用动漫形

---

① 爱范儿网.新闻网站 Buzzfeed 的成功秘谈[J].中国报业,2016(5).

式、游戏化形式、短视频、视频直播等更好玩的"娱乐化"形式转化成普通用户所易于接受的生动清晰的可视化和"沉浸式"形态,从而降低用户的学习和接受门槛。加强这类核心互联网产品对普通用户的"个性化"用户关系连接,能够快速扩大用户规模。

其二,基于大数据技术的"个性化"精准推荐策略。新媒体组织的产品要在积累大量用户流量的基础上,通过大数据、云计算等技术准确分析注册用户的年龄、职业、教育水平等人口统计学属性。特别是以用户使用产品的场景数据、社交关系数据准确分析用户的行为、需求偏好,给产品的用户进行准确的个性化"画像"。只有这样新媒体组织才能真正了解自己产品的用户属性和特征,从而准确开发出合适的盈利模式,例如广告商偏向于更精准、更有市场连接性的营销模式,这样产品的用户数据就尤为重要,新媒体组织可以协助广告商进行有针对性的广告投放。所以,什么样的产品就会带来什么样的用户并直接影响产品的收入获取方式。

在这方面,以互联网技术起家和占优势的新媒体公司具有天然的优势。

今日头条就是基于大数据支持,首先以大数据挖掘建立用户个性化画像。然后通过个性化推荐资讯而起家的,再如笔者曾经在办公电脑上打开自动推送的杀毒软件进行杀毒,又通过百度搜索,搜索过"2016年网络自制剧"关键词,电脑就自动匹配生成一条关于最新的"网络安全自制剧"的信息而推送到面前,大数据技术已神奇般做到个性化精准营销的极致程度。

淘宝将用户的注册信息、浏览商品路径、收藏夹的商品和已购买的商品等数据汇聚成巨大的数据库资源,这也成为淘宝一笔巨大的隐形财富,通过精准地分析这些数据,了解用户的喜好需求并进行精确匹配,将商品推送给用户,当用户打开淘宝PC版或者手机淘宝,首页所展示的产品基本都是根据用户的浏览、搜索、购买记录所推送的,这些产品更能够满足用户需求,交易成功率更高。

(三)利用"服务化"构建用户体验

"服务化"既是建构、维系良好用户关系的产品策略,打造黏性化的活跃用户规模的重要法则,同时也是进一步探索产品增值服务收费的重要策略。前者表现为产品的基础服务策略,后者表现为增值服务策略。

其一,基础服务策略:优质客服策略。典型的如电商产品的售后服务,在这方面京东以更快更好的物流服务和售后服务,稳稳地黏住一批活跃用户。京东一直致力于发展自己的物流系统,目前京东的配送包括"211限时达""次日达""极速达""夜间配"等服务,满足了用户对于售后配送各个方面的要求,极大地丰富了用户体验,使一大批用户成为它的忠实粉丝。

其二。增值服务策略:会员制、积分制、粉丝制。

会员制,已经成为互联网产品维系、粘住用户非常重要的方式。无论是电商、社会化媒体还是视频网站都纷纷采用会员制来增强与用户的关系并创造收入。以视频网站为例,爱奇艺、优酷等网站都采用会员制,通过购买会员,用户在收看视频时可免去广告,也可以观看专门的VIP频道,当然这些内容对非会员不开放。以爱奇艺为例,爱奇艺推出了一系列独播网剧如《盗墓笔记》《太阳的后裔》等,吸引了大批粉丝购买会员。

积分制,始于传统行业,传统零售品牌或者商场通过积分来促进消费者的再次购买,同时通过积分换礼品、打折等方式回馈消费者,互联网产品的积分制类似于传统行业,例如天猫积分。用户的历史消费金额转化成积分,在付款时积分可以直接兑换成一定数量的现金作为给予消费者的优惠。

粉丝制,指小米选择"高质低价"的产品定位。指通过"高质纸价"的产品定位吸引用户。如小米公司正是通过开发满足用户需要的产品来占据最大多数用户,通过不断听取用户意见,让用户参与产品的设计研发中并发展其为企业粉丝,这些粉丝成为小米商业模式的基础。

(四)利用"活动化"构建优惠推广

如前所述,在特殊节假日,开展产品的用户优惠推广活动,是我国互联网产品短期内直接培育规模用户的最见效策略,典型的如电商媒体创造性策划的"双十一"或"618"促销活动。

"双十一"源于淘宝商城(天猫)2009年11月11日举办的促销活动,近年来"双十一"已成为中国电子商务行业的年度盛事,逐渐影响到国际电子商务行业。"双十一"期间,各大电商纷纷采取各种优惠政策,这也是消费者在"双十一"期间消费数量剧增的原因。以天猫为例,2015年11月11日,天猫"双十一"全天交易额912.17亿元,比2014年上涨了59.7%。[①]

"618"促销活动,即每年的6月18日是京东的店庆日,在6月这个店庆月,京东都会推出一系列的大型促销活动,以"火红六月"为宣传点,其中6月18日是京东促销力度最大的一天,京东一度将"618"促成与"双十一"遥相呼应的又一大全民网购狂欢节。

腾讯的微信支付、阿里的支付宝在春节期间打造"微信红包""支付宝红包"活动。2016年支付宝成为央视春晚的独家互动平台,共推出"咻一咻"和"集五福"两种玩法,红包总额达到8亿元。在除夕夜零点之前用户可以通过"咻一咻"抢"五福",或者通过添加支付宝好友获得,好友之间可相互赠送"五福"。2016年2月7日除夕夜,支付宝的四轮"咻一咻"的总参与次数达到了3 245亿次,是2015年春晚互动次数的29.5倍;在21点09分,用户的参与热情达到了顶峰,"咻一咻"峰值达到210亿次/分钟。[②] 此外,滴滴出行在春节期间进行了打折送优惠券活动,春节期间是出行的高峰期,滴滴出行选择在春节期间送出优惠券,能够快速增加其用户数量,当然上

---

① 引自《2015天猫双十一销售额912亿7年大增1 800倍,http://www.askci.com/news/chanye/2015/11/12/02421u5a0.shtml.

② 沈忧,陈威.猴年网络红包大战对比分析[J].新闻研究导刊,2016(7).

述特殊节假日推出的大型促销活动,需要强大的资本实力作为支撑,有阿里和腾讯的实力资本的支持,滴滴出行的用户规模和活跃度得以快速积累起来。

第二节　粉丝转化过程

新媒体公司利用上述方法吸引粉丝聚集,这只是第一步。之后怎样让用户留存得更久,并且能为其创造效益,这才是新媒体公司吸粉引流的最终目的。新媒体公司将网友吸引成其粉丝之后,让其变成忠实用户,至少要经历四个阶段,分别为:第一阶段的访问用户;第二阶段的转化用户;第三阶段的活跃用户;一直到第四阶段的留存用户。

一、访问用户

新媒体产品的用户访问量,属于运营者工作的第一个运营指标,指的是每日访问的用户数量。每日的用户访问数量,可以按用户来源区分,分为两类:一是老用户,二是新用户。积极主动使用产品的为老用户。其可以通过浏览器地址栏直接输入网址进行访问。也可以通过一些即时通信工具以及其他客户端软件进行访问。其数量多少受产品的功能、体验以及品牌等多种因素的共同影响。新用户则是由新媒体产品运营来吸引。比如通过友情链接、购买推广、公司合作、网站联盟等方式来吸引眼球。运营者必须注意,使用的手段需要科学合理,但也要富有创新性,这样才可以吸引到更多新的用户。用户访问量不单单是指新用户或者老用户某一方。而是二者的总和。所以,运营者要想访问用户数量不断上升。就不能单单抓某一方。而是要兼顾二者。同时学会如何通过新用户的运营来实现老用户给对值的增长。

以某视频网站为例。其在成立初期因不占天时地利人和而面临着巨大的挑战。为了绝处逢生,其采取一系列自救举措,其中一大成功举措便是基于用户需求吸引大量用户。如生产基于用户自身需求的 UGC 网络视频;此外。加大网站的推广力度;与百度形成战略合作关系;开拓视频机构资源;挖掘网络红人视频;建立网络视频原创联盟;创作网络原创视频;提升视频网站品牌影响力以及持续通过有计划的强运营,承担大项目运营,如 2008 年推出的奥运独家报道快速提升了流量和影响力。这样,该视频网站在激烈的竞争中脱颖而出,成为当时领先的视频网站之一。

二、转化用户

区别于上述的用户访问量来说,转化用户指的是有实际的使用和消费的用户人群,它代表的是一款新媒体产品真正产生消费的用户比例,也就是从每日访问用户中转化为实际有效的用户。转化用户的多少,也就是转化率,是一款新媒体产品运营成功与否的核心指标,它决定着产品的网络运营效率。

转化用户代表的是用户产生消费进而转化成有效用户。举个例子,你分享一个 App 链接给你的朋友 A 和朋友 B。A、B 都点进去对这款应用的具体概况进行了浏览。A 浏览后觉得不喜欢这款 App 并立马返回关闭该浏览页面,而 B 觉得很喜欢且下载安装并注册登录了。则 A 只属于该款应用的访问用户,而 B 不仅是访问用户,而且是有效用户。新媒体运营者的工作就是需要想办法将网络中的这些"游客"变为产品的"用户"。

以新浪、优酷等资讯类、视频类平台为例,需要产生二次点击,即观看平台内的资讯和视频才是转化后的有效用户;新浪微博等社交类平台,则需要登录或发言之后才算有效用户;淘宝、京东以及传奇、棋牌等电商类网站和游戏类平台,有效用户指的则是产生购买行为的用户。

三、活跃用户

活跃用户指的是对新媒体产品使用最为频繁的群体,即代表着他们对产品的喜爱程度。活跃用户对新媒体产品的使用越频繁,活跃度越高,说明用户对该产品越喜欢。举个例子。假设 100 个用户打开新浪网页,其中 10 个用户点击进入了娱乐频道,其他用户都离开了页面,而这 10 个用户又在娱乐频道看了 100 个视频,从这个用户访问新浪的过程,我们尝试计算几个运营指标:

访问数=100(100 个用户)

转化率=10%(10 个用户产生三次点击。持续访问新浪的娱乐频道)

活跃度=210(用户行为次数)/100(用户数)=2.1[①]

通过以上案例。我们可以了解活跃度的计算方法。活跃度的数值大小决定着用户对产品真正的评价、喜爱程度。所以,活跃度是网络运营的结果指标。所以运营者需要注重产品特点、功能以及品牌等方面的塑造和创新。

四、留存用户

留存用户指的是新媒体产品的新用户从开始关注之后一直坚持使用的人群。从另一个层面来说,留存用户的多少代表着该新媒体产品发展的成败与否。因此留存率的大小,是新媒体企业最为所关心的,留存率计算方法如下

留存率=沉淀用户数/新用户总数×100%[②]

留存率指标决定着产品发展的成败,运营者的目标就是努力让新用户沉淀延续使用,发展成为老用户。如果产品的留存率不好,不单要反思运营问题,更要从产品本身找问题。

新媒体运营不仅与产品本身,属性直接相关,更与用户需求直接相关,想要提高

[①] 郝志中.用户力:需要驱动的产品、运营和商业模式[M].机械工业出版社,2016:137.
[②] 郝志中.用户力:需要驱动的产品、运营和商业模式[M].机械工业出版社,2016:138.

用户的留存率,归根结底还是在于产品是否能够满足用户的体验需求,提升用户的使用感受。以微信 ios 版本为例,其围绕自身核心功能快速迭代,用户量从百万达到上亿,如在 2011 年微信推出了多个版本,2011 年 1 月,文本图片发布;3 月,群聊;4 月,找朋友功能;5 月,语音对讲;6 月,手机通讯录同步 QQ 链接;8 月,视频+查看附近的人+稳定;9 月,bug 恢复+稳定性;10 月,摇一摇+漂流瓶等等。2012 年 4 月,朋友圈上线,下半年实现系统稳定性的处理与维护。可以看出,互联网产品每一次新功能的推出和实践中出现的问题修复,都能大大提高用户的使用感受,进而延续了使用时长。所以,新媒体运营工作指的是在不断满足用户需求,以及完善产品功能的基础上,以获取用户为目标所展开的一系列工作。

一个正确的新媒体运营模式应该是,首先集中提高新用户的浏览数量,同时提高新用户的留存率,将其转化为老用户,形成新用户不断沉淀为老用户的运营体系。当然,这一目标的实现,不可能单单仅靠新媒体运营人员来独立完成,新媒体企业相关的产品部门、技术部门、市场部门都要协同工作,一起为提升新用户数量和用户的活跃度来共同努力。

第三节　吸粉引流的方法

当今各种新媒体平台横扫大街小巷,各类新媒体产品也铺天盖地而来,这一大环境的背景带来最直接的影响是粉丝对平台的忠诚度减弱,加速了粉丝的不稳定性,因此对于新媒体运营者来说,粉丝的凝聚力是一大难题。下面具体介绍几个吸粉的方法。

一、互动是基础

众所周知,在新媒体平台上加强与粉丝的互动,是增加人气、打造真实粉丝的重要方法,下面对其进行图解分析,如图 3-1 所示。

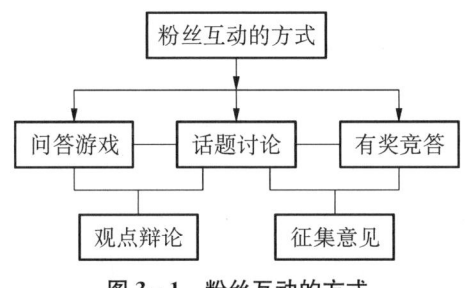

图 3-1　粉丝互动的方式

运营者要学会巧妙地运用各种技巧来增加与粉丝的互动,在此基础上,听取并收集粉丝意见也是非常重要的,这不仅是对粉丝的一种尊重,也是了解粉丝需求和调整营销策略的重要方法。

小米就是将与粉丝互动做到了极致,这点从小米的运营理念中就可以看出。小米微信运营的理念是将微信服务当作一个产品来运营。小米坐拥百万粉丝,一般的企业粉丝可能很难达到这个量级,但是只要不断地加强与粉丝互动,随时调整自己的运营策略,就一定可以极大程度上的积累粉丝数量,因此企业一定要加强与粉丝的互动,甚至可以进行多平台的互动,以获取更多的粉丝资源。

二、洞悉粉丝需求

碎片化时代,随着互联网的普及,很多资讯都变得泛滥,但是这之中真正能触及到人内心的东西却越来越少。因此,新媒体运营者想要和粉丝获得共鸣,就必须要了解其需求。有个很经典的例子,福特汽车公司创始人亨利·福特说,如果在马车时代询问客户有何需求,很多人可能都会回答说:"要一匹跑得更快的马",看似用户的基本需求是"马",其实用户的真实需求是"更快",所以我们一定要透过现象看本质,发现用户的潜在真实需求。

目前我国网民对于网络的基本需求大致分为四类,获取信息、娱乐休闲、沟通交流和实用服务。在这四类产品需求中,判断用户对未来产品功能的进一步的潜在真实需求,不是简单笼统的定义用户所描述的表面需求,而是相对已上线的同类互联网服务产品,更好地满足用户的真实需求。[①]

以用户看新闻的需求为例,满足这一需求的方式在我国主要有三个层次:看新闻,不花钱看海量新闻,不花钱看海量且是个性化新闻。在互联网普及之前,大众报纸取代了手抄报纸;PC端互联网时代,新浪率先发现并满足了我国第一批网民希望"不花钱买报纸,还可快速看海量新闻"的新的真实需求;进入移动互联网时代,今日头条发现并率先满足了最早一批移动网民的"不花钱且能看综合推荐的个性化新闻"的新需求;澎湃新闻引入用户问答社区的不花钱看海量专业新闻机构原创的高品质新闻;一点资讯提供不花钱看海量个性化推荐的专业新闻机构原创的高品质新闻和综合推荐,同时引入社交和个性化看新闻元素。同样是看新闻,新一代新闻产品在老一代新闻产品的原有功能上提供了更"好"的看新闻体验。

以用户的通信需求为例,满足这一需求的方式在我国主要有三个层次:中国电信以"座机"满足了用户的"通信"需求,中国移动以手机满足了用户"方便通信"的需求,腾讯公司以微信满足了用户"便宜又方便通信"的需求,不停迭代的通信产品同样体现了更"好"的新功能。

用户的社交需求,从线下的日常朋友交流到微信朋友圈的"更大范围"的网络沟通性社交,再到"秘密""一罐"等新一代移动社交产品App的"更深度、隐私"社交,不同时代人们的社交需求也体现一个"更"字。

---

① 郝志中.用户力:需要驱动的产品、运营和商业模式[M].机械工业出版社,2016:25.

以用户看视频的需求为例,用户看视频的需求从在爱奇艺、优酷、乐视视频网站上看正版或自制的长视频发展到用一条看专业机构制作的一条原创短视频(以 5 分钟手机短视频为主),再到在 YY、斗鱼等直播平台上看网民上传的各类全民直播视频内容。

便捷的是,新媒体时代,运营者可以通过其后台看到用户的直接需求,比如用户发送关键词:假期优惠,说明用户想要了解运营者的假期优惠政策,或者与假期优惠相关的一些资讯,因此通过后台的用户消息分析,运营者可以了解到用户的诸多需求。除此之外,如果运营者可以提供超出粉丝预期的东西或是为粉丝提供超出预期的体验,就更能打动粉丝。墨迹天气在这方面做得比较好,它独创了很多既实用又有特色的功能,比如那个能够给你穿衣提示的小人,以及开通的实景功能等,将天气播报都做到了极致,如图 3-2 所示。

图 3-2　墨迹天气 App 宣传图

在发现用户的真实需求后,未来的产品设计,必须先要确定如何以更好的产品提供新功能满足用户的真实需求,对于用户来说,产品功能的描述不能长篇大论,不能过于专业,更要用简短易懂的话让用户明白。因此建议用一句话的形式来简明扼要的阐述新功能,可以采取两种方式:第一是类比法,"做与×××一样的产品";另一种是排除法,"不做与×××一样的产品"。[①] 如"网易云音乐做与 QQ 音乐一样的产品","网易云音乐做与唱吧一样的产品","秒拍不做与美拍一样的产品","快手不做与秒拍一样的产品"等。

---

① 郝志中.用户力:需要驱动的产品、运营和商业模式[M].机械工业出版社,2016:63.

三、结合和组织粉丝

创建一个粉丝群有利于更有效地进行线上和线下的活动进行,因为当粉丝的数量越来越多,如何运营粉丝又会成为一大难题,为了获取粉丝的支持,也为了粉丝更好的体验,运营者可以借助以下几种方法:

(1) 提供粉丝聚会平台。

(2) 为粉丝群体建立线上社群。

(3) 为线下粉丝建立小型社交圈。

而举办活动的方式有很多,常见的有线上抽奖、游戏、征文等,线下聚会、旅游、运动等活动的形式多样,繁复程度各异,目的都是提升用户活跃度,增强用户黏性。例如 2016 年 6 月 16 日,新浪微博举办了"超级红人节",邀请了微博上众多草根段子手、网红,以及各路业内人士相聚上海,话题总曝光量达 24.3 亿,活动结束后,网友讨论热度依旧高涨。但运营者在策划活动的时候需要注意,不能一味地为了谋取商业利益,对粉丝进行营销,有时候目的性太强,会让粉丝产生反感情绪,效果反而会适得其反。

四、抓住"粉丝经济"

粉丝经济已经成为新媒体时代主要的经济形态之一。粉丝会通过收藏、收集或是参与等手段去对自己喜爱的产品进行程度不一的消费行为,具体来说如图 3-3 所示。因此,企业想要更长远的发展,抓住"粉丝经济",至关重要。

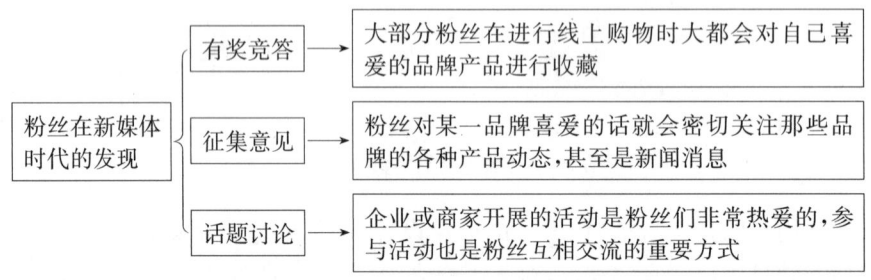

图 3-3 粉丝在新媒体时代的表现

访问用户通过购买商品或是其他消费手段,转化为实际用户,给企业、新媒体产品带去真实的利益,因此粉丝转化是企业可持续发展的重要组成部分,更是影响新媒体产品活力的重大因素之一,而且运营者运营新媒体的职责之一就是为了增加粉丝和获取更多的粉丝转化的机会。将粉丝转化还有以下作用:

(1) 具有很高的忠诚度,认同企业产品和品牌,支持企业的发展。

(2) 存在很大的互动成分,可以提高用户互动积极性。

(3) 增加顾客与商铺的黏性,提高购买率。

(4) 牵一发而动全身,有很好的免费推广效果。

第四章 新媒体品牌构建

第一节 品牌概述

一、品牌内涵的演变与定义

品牌(Brand)一词,发源于古代挪威词语 brandr,本意为"烙印"。词汇的发源很好地诠释了品牌概念的精髓——在用户心中打下烙印。随着商品经济的飞速发展,消费行为习惯的日趋成熟,品牌从最早的"烙印"逐渐增加了更多丰富的内涵。品牌是一个处在不断发展中的概念,其内涵的演变经过了五个阶段:品牌是区隔标识;品牌是价值担保;品牌是联想载体;品牌是关系集合;品牌是无形资产。①

所谓区隔标识,即品牌的最基本功能——对不同的生产者、生产地进行特征化标明。早在300多年前的康熙年间,我国建造了著名的泸定桥,桥上每一个铁环都烙上了铸造者的印章,标明其姓名和所属的铁匠铺。一方面,生产质量优良的铁环昭之于天下,成为证明生产者产品品质的活证据;另一方面,铁环一旦出现问题,官府即可根据印记进行追责。

中世纪的商品上通常会使用徽章以标识工匠、行会和城市,用以说明商品的生产者和原产地,并由相应的行会为其背书,进行质量和信誉的担保。由此可见,早期的品牌是生产者的区分标志,用来确定产品的出处,和今天的"商标"概念十分相似。

而价值担保,是随着物质的逐渐丰富,消费者的选择面变得更广,人们更倾向于采用知名度高、彰显个性、区别他人的优质产品。因此企业开始提升品牌带给消费者的价值,这一价值往往包括功能性、社会性、情感性,使品牌成为这些消费价值的担保,并获得消费者相应的认可。例如:百达翡丽担保了"表中之王、社会名流"的价值;沃尔玛担保了"高性价比的日常生活"的价值;海飞丝担保了"头屑去无踪"的价值。对于消费者而言,选择了这些品牌就意味着认可并信任企业所提供的价值。

不仅如此,品牌还为消费者提供了联想的载体。因为谈及某个品牌时,人们不

---

① 周志民,刘世雄,张宁.品牌管理(第2版)[M].南开大学出版社,2014,28-30.

仅会想到产品的价值,还会有很多相关的发散式联想。比如当我们谈及星巴克,就会马上想到"小资代表、长发飘飘的女性形象LOGO、都市白领"等相关意象;提到可口可乐,大家的头脑中马上浮现出"红色易拉罐、解渴、年轻";说起奔驰汽车,我们会联想到"高档豪华、商界精英、乘坐舒适"等关键词。品牌是消费者意识的印象的集合,通过品牌作为载体,消费者脑海中分散的联想得以集中于具体的厂商和产品。

同时,品牌还是企业和消费者之间的关系集合,一个品牌包含的是消费者和企业之间通过产品作为媒介进行的各种互动以及产生的感受。例如一名苹果手机忠实拥趸在谈及自己喜爱的手机时,会明显表现出对这一品牌的信任和偏爱,尽管苹果手机的各项功能往往在其他品牌上也能找到,他会尽可能地购买苹果最新上市的前沿产品而无视价格歧视。我们常常发现,强势品牌会在无形中建立起一个个"死忠""铁粉"消费群体,耐克球鞋的"死忠"拒绝购买阿迪达斯运动鞋;宝马汽车"铁杆粉丝"认为驾驶奔驰汽车毫无乐趣;苹果手机的"果粉"对安卓系统的手机不屑一顾。本质上这就是一种企业和消费者之间的关系。

近年来随着品牌的逐步商品化,品牌快速进入了资本化阶段。越来越多的企业并购案例表明,品牌早已是一种重要的无形资产,其重要性已经超越了有形资产。我们通常认为,企业的品牌价值是位于顶端的资本价值;技术、知识产权的价值是位于中游的资本价值;而机器设备、不动产等则位于企业价值的最底端。品牌作为一种无形资产可以结合有形资产的经营,创造长期而巨大的收益。

时至今日,"品牌"已进化为一个复杂而多面的概念,同时,根据不同的环境和文化背景,各国学术界对品牌的理解或解释也有所不同。

美国营销学权威菲利普·科特勒为品牌下的定义是:"品牌就是一种名称、名词、标记、符号或设计,或是这些要素的组合,其目的是借以识别某个销售者或某些销售者提供的产品或服务,并使之与竞争对手的产品和服务区别开来。"[1]

国内学者周志民在《品牌管理》一书中给出了这样的定义:"品牌是由名称、标志、象征物、包装、口号、音乐或其组合等一些区隔竞争的符号而联想到的、基于价值的、消费者与组织或个人之间的关系,及其所带来的无形资产。"[2]这一定义包含了关于形象、价值、联想、关系、无形资产等多方面的内涵,而这些对于品牌概念的多角度解释并不是相互独立和替代的关系,它们是对品牌的原初内核的不断升华和丰富。

二、品牌与相关概念的区别

(一)品牌与商标的区别

将品牌与商标混为一谈是常见的误区,而两者并不是同一个概念。商标首先是一个法律概念,根据《中华人民共和国商标法》规定,商标是指能将自己的商品(含服

---

[1] 菲利普·科特勒,等.营销管理[M].王永贵等,译.中国人民大学出版社,2012:15-16.
[2] 周志民,刘世雄,张宁.品牌管理(第2版)[M].南开大学出版社,2014,32-33.

务)与他人的商品(含服务)区别开的可视性标志,包括文字、图形、字母、数字、三维标志和颜色组合以及上述要素的组合。可见商标的核心在于产品的名称和标志,是作为区隔符号而存在的,商标仅包含了品牌最早的、作为"产品区隔符号"的内容。商标的所有者为企业,企业可使用商标作为工具主张其法律权利并寻求法律保护。

而品牌则有所不同,品牌的所有者为企业和消费者共有,它是一个无形的、属于企业战略和营销范畴的概念。品牌是产品在消费者脑海中的烙印,是企业占领市场的战略武器,它可以作为一种资产供企业运作,而商标则无此功能。

(二) 品牌与名牌的区别

名牌更多是在强调产品的知名度,但名牌不等于优质品牌或强势品牌。打造名牌相对是容易的,通过斥巨资进行铺天盖地式宣传、洗脑式宣传可以较容易地使产品广为人知。"品牌"则更多地强调了品牌联想、品牌个性等丰富的内涵,是消费者对产品主动的、自发的认同感。一夜成名的案例屡见不鲜,但一夜建设成强势品牌则是不可能的,品牌建设需要长期培育和积累,核心在于取信于消费者,这绝非一朝一夕之功。可见,"名牌"概念的核心在于一个"名"字,而"品牌"概念的核心在于一个"信"字。

(三) 品牌与产品的区别

产品是品牌的载体,再强势的品牌也要通过各种有形或无形的产品兑现品牌对消费者的承诺,但品牌并不等同于产品,美国学者斯蒂芬·金一语道破品牌与产品的本质区别——"产品是工厂里生产出来的东西,品牌是消费者所购买的东西"。[①]工厂里的产品是原料的堆积,是产品的客观反映,而消费者购买的是产品提供的功能、形象和精神价值。举例而言,工厂里生产的汽车是交通工具、代步工具,而宝马汽车则让消费者获得了"驾乘乐趣""与梦想同行"等情感体验;鞋子明明是走路时穿在脚上的工具,而我们穿上了阿迪达斯运动鞋就感受到了"impossible is nothing"(没有不可能)。可见品牌更多的是在强调消费者对产品的主观感受,消费者选择某一品牌时,其诉求往往不是一辆车、一双鞋,而是由品牌带给产品的附加的、无形的价值。

三、品牌的作用

(一) 品牌对厂商的作用

1. 巩固产品的排他性

富士康是电子产品加工生产的龙头企业,为不计其数的电子厂商代加工产品,

---

① Xiaoyun He, Arash Negahban. The Effects of Consumer Engagement Behavior on the Growth of Social Media Brand Community: Evidence from an SME[J]. International Journal of E-Business Research(IJEBR), 2017, 13(1).

但同样是富士康生产的手机,消费者总会认为苹果手机的质量优于其他品牌。优秀的品牌会在消费者心中构筑一道防线,这道防线确保了产品的唯一性、排他性,也形成了一个品牌的核心竞争力。

2. 帮助企业获得更高利润

优秀的品牌通常具备特别巨大的盈利能力。中国素有"世界工厂"之名,为全世界的企业加工各类产品。以服装产品为例,由于品牌所有者为外国企业,因此中国工厂辛苦生产出服装却只能获得微薄的利润,而外国企业只要把服装贴上自己的品牌标志,就可以获得数倍乃至数十倍的品牌溢价。这一实例还充分说明,在市场经济日趋成熟的今天,商业竞争不单单是比成本、比生产销售,竞争模式早已演化为了品牌之间的较量,强势品牌可以轻松攫取利润的大头,弱势品牌或是没有品牌的企业则只能跟在后面得到一些残羹冷炙。

3. 便于推出新产品

强势品牌可以充分利用产品名誉和声望,借助消费者对同一品牌旧产品的认可带动新产品上市,减少新产品失败的可能性。例如苹果每次推出新一代 IPHONE 手机之前,都会形成热点话题,对新产品的各种预测和分析充斥各类媒体。产品一旦真正上市,就会迅速吸引一大批果粉排队购买新产品,即便承受厂商的价格歧视。这一例子充分说明优秀品牌对企业新产品的推出具有极大的帮助作用。

4. 增强企业的上下游博弈能力

在整个产品生产销售流程中,强势的品牌往往可以获得博弈中的优势地位。例如戴尔电脑公司以著名的"0 库存"营销策略驰骋市场,却把库存压力转嫁给无数的上游供应商分担,纵然供应商并不愿意替戴尔承担库存,但作为强势品牌的戴尔公司具备迫使供应商接受条件的能力。再比如,强势品牌由于市场的认可,在下游批发零售环节也会受到强势渠道的追捧,诸如家乐福、苏宁等零售商更愿意为强势品牌提供零售渠道。

(二)品牌对消费者的作用

1. 减少选择风险,降低选择成本

市场经济日趋成熟的今天,市场上的商品种类和数量可谓浩如烟海,而从如此庞大数量的产品中挑选一件符合自己要求的产品则是一件充满变数和风险的事情。我们在消费过程中往往会遇到以下类型的风险,例如财务风险,即所谓"花了冤枉钱";可靠性风险,买来的产品关键时刻掉链子,比如一台电脑在赶写稿件或赶制设计稿的时候频繁死机或数据丢失;社交风险,低劣产品会使消费者难堪,比如与朋友一起驾车出游时车辆乘坐不舒适或半路抛锚;时间风险,消费者在购买了不符合要求的产品以后往往要再花时间和精力另行选择,产生巨大的机会成本。

而上述这些风险,消费者通常认为可以通过选择品牌产品进行规避。我们在购物时如果心中已经有了一个了解并且信任的品牌,就可以避免大量无谓的挑选比对,从而迅速做出选择。而对于一个品牌的一次满意的选择,又会进一步推动对该品牌的第二次选择。

2. 获得认同感

成功的品牌通常具备以下特点:不但产品本身具有鲜明的形象和个性,而且可以让使用产品的消费者同样具备这些个性色彩,通过选用一种具备某气质特色的品牌的产品,消费者可以获得自我认同并彰显个性从而获得社会认同。企业通过赋予品牌独特的气质色彩,令消费者在选用产品的过程中获得附加价值。例如德国汽车品牌"双 B"即梅赛德斯奔驰(Mercedes-Benz)及宝马(BMW),虽然二者同为高端高价高质量的品牌,但却给了消费者不同的认同感。奔驰汽车令用户身价倍增、面子十足,获得了令人尊敬的社会认同感;而宝马则通过"驾驶乐趣"这一独特的品牌气质,使消费者获得了"年轻、激情、不羁"的认同感。

第二节　品牌建设相关理论概述

新媒体品牌的成功深深根植于产品或服务中,这对于其品牌来说是最基本也是最重要的因素。以新闻资讯 App 产品为例,数字出版的成本门槛相较于图书报刊等传统纸媒来讲较低,因而开发并发布一款产品的速度因媒介技术特点而变得异常迅速。但与此同时,海量应用的出现,要增加用户并保持可持续的产品黏度变得更为艰难。许多新媒体产品甚至自其发布问世之日起就面临着步向"僵尸"化的危机,更无从顾及自身的品牌建设和品牌管理策略。新闻资讯 App 产品虽然能较容易地借助于纸媒的品牌影响力积淀,但新媒体的设计、开发、运营、行销等价值链毕竟与传统媒介有着巨大差异,若品牌构建也长期沿袭纸媒的思维方式,转嫁而来的品牌积淀将很快消亡,这种因循守旧般研发和管理的惰性甚至会加速伤及新媒体的品牌价值空间。传统出版业应积极通过"互联网+"趋势来驱动业态和品牌的创新。新闻资讯 App 产品应该在构成其产业链一开始的设计研发阶段就构造品牌价值基因,既注意与传统媒介融合进行优势借力发展,又重视自身在新媒介技术特征中的品牌特质的塑造,积极拓展品牌发展和提升的空间。

在信息时代,消费者或用户可以通过互联网(包括移动互联和物联网等)轻松地汇聚自身的力量来集体重新定义和诠释一个品牌,融合与协同正是"+"的内涵。因此,新媒体产品的成功根本上取决于用户。当代表用户期望值被最大化地实现时也就是品牌空间最大化之时。建设品牌的主动性就在于真正理解用户价值,并赋予产品建设,获得更多的品牌构建空间。在移动信息时代,用户期望值对新媒体产品而言就是"用户体验"(User Experience,简称 UE 或 UX),因此,新媒体品牌成功的关键本质在于将用户体验植根于品牌价值观中,这是新技术特性与新产品属性赋予品牌管理新的含义。

要想正确且成功的建设自己的品牌,可以遵循以下四个方面的构建。

一、品牌定位

20世纪70年代,社会发生了巨大的变革,信息爆炸的时代正式来临。然而,人们面对信息盛宴已经开始无所适从,失去了辨别能力,难以区分市场上众多品牌的异同。在这种环境下,品牌定位理论应运而生。该理论强调"随着竞争激烈化、同质化、相似化的日益严重,所以需要创造心理差异、个性差异。"[①]这种思想的核心是以准确定位品牌的方式,使某品牌代表某种特定类别、特定性质,使消费者迅速排除不相符合的品牌,简化消费者的甄选过程,使品牌准确占据目标消费者群体的心智。

品牌定位有别于市场定位和产品定位,据前文所述,品牌是抽象的、主观的,是消费者对产品的心理感受。品牌定位就是以品牌的内容形式为出发点,推动品牌在特定消费者群体心中占有一席之地的行为,其目的是对现有产品的传播从而让消费者认可这一产品。

品牌定位理论中最基本的概念是"人类需求",包含两方面意义:一方面,品牌必须满足消费者的特定需求,才能占据消费者心智;另一方面品牌又必须不断适应消费者需求的变化,才能保持在消费者心智中的地位。因此,消费者对品牌的感知及其态度的形成是品牌定位的基础。

一种比较流行的观点认为,品牌定位的四个角度包括产品角度、消费者角度、竞争者角度和品牌识别角度。[②] 法国品牌学者卡普菲勒教授指出,对于一个着力打造品牌的厂商来说,进行品牌定位时需要充分考虑这四个方面,来为品牌进行准确、全面的定位。[③]

二、品牌要素

品牌要素包括显性要素和隐性要素,如表4-1所示,品牌显性要素是指消费者可以很容易地看到、听到的外部要素,例如品牌商标、产品外包装、广告语等;相应的,品牌隐性要素需要消费者进行感受和体会,隐性要素包含于品牌之中,无法直接通过感官认知,这些隐性要素是品牌与消费者长期互动中形成的。

表4-1 品牌的构成要素

品牌显性要素	品牌隐性要素
品牌 logo	品牌性格
品牌名称	品牌想象

---

① 湛飞龙.品牌运作与管理[M].经济管理出版社,2012:12-14.
② 戴亦一.品牌营销[M].朝华出版社,2004:55-56.
③ Kapferer, Jean-Noël. The New Strategic Brand Management: Creating and Sustaining Brand Equity Long Term(4th ed.)[M]. London: Kogan Page Limited, 2008.

(续表)

品牌显性要素	品牌隐性要素
产品口号	品牌体验
广告词、歌曲	品牌文化
包装形象	品牌气质
色彩系统	品牌精神
……	……

"互联网+"推动了知识社会以用户创新和协同创新等为主要特点的发展内涵。在新媒体品牌形象构建过程中以用户为中心(User Centered Design,UCD)就需嵌入用户体验设计(UED)的开发流程和设计方法,UED成为传统出版业在"互联网+"发展新常态下的新观念,尤其是某些工具型App,更是将用户研究作为功能定义的基本前提。新闻资讯类App是围绕阅读作为其核心功能,评论和分享等作为外围功能。针对阅读功能的用户研究体现在内容为先的原则,即资讯内容的聚类采编呈现比较明确的目标受众的针对性,也就是前述的内容体验。而就设计层面来讲,品牌形象的识别需要抓住产品研发的基本设计要素,由于产品的功能范畴不同,能调用的设计要素也不尽相同。新闻资讯类App则是以图文模式为设计要素主体特征,根据此特征前提可以整体地概括为"图—文—页"三种大类型,同时也是一个识别要素体系。

(一) 图:图片要素

"图"要素是指比较狭义的图片形式含义,不包括纹饰和肌理化的图案、图标和控件等。第一种形式是新闻报道和资讯内容的配图,包括照片、配图、插画和插图等形式。其中新闻照片与配图是最为重要且最常见的图片要素在新闻资讯类App中存在的模式。第二种形式是广告Banner中图片。就Banner的主要形状来看,多以块状和长条状为主的设计图幅。从Banner在信息界面中呈现的视觉图形方式来看,主要有静态和动态两大类型[①]。第三种形式是嵌入的视频文件的缩略图,在未触发播放之前的静态图像形式。对于某些"读图"为阅读特征的App,第一种形式的图片本身就是新闻资讯的信息主体。设计手段在图片要素上的能动性体现在摄影技巧和图像处理技术,譬如图片经过PS处理后可以呈现出比较统一的色泽色调和图像风格等,这种要素的统一性可以有效地增强形象识别性。

(二) 文:文字要素

新闻资讯类App的文字要素则不能仅仅狭义地理解为新闻资讯的文字内容本

---

① 周睿.信息界面中的Banner设计实例研究[M].四川美术出版社,2013:103-107.

身形式。文字要素类型在客户端中包括下面几种情形:一是传递新闻资讯内容的文字形式的信息载体,即前述狭义理解文字信息形式的范畴;二是文字形式的广告文案,即所谓的"软文"(Slogan);三是包括围绕 App 操作的文字控件。客户端应用中有的操作控件并不都是采用诸如按钮、旋钮等图标,而仅以文字形式存在。第三种形式的文字要素往往最易被忽视,是否需要与第一种形式进行统一或者刻意地差异化,这是设计过程中具体的取向。既要考虑产品视觉效果的整体风格,又要与用户测试和产品的可用性(Usability)进行综合评估后才能进行设计规范。广告文案的文字因广告的存在而独立考虑,而第一种和第三种文字要素形式则需要专门在设计过程中进行关注和实现,文字本身具有强烈的识别功能,因此也可承载品牌形象的识别功能。

(三)页:页面形式

由"以图配文"到"图文并重",然后走向"图文融合",才是读图时代报纸图文关系正确的发展逻辑。"图文融合",就要做到文字视觉化和图片叙事化[①]。这种图文融合关系在新媒体产品中更是凸显,尤其在版面设计中,图文结合后的形式又呈现出图的要素特性:网格化的板块结构。因此,对图文不可分割进行孤立地设计要求,在同一层级的界面中呈现出板块化的整体要素形式感,这是新闻资讯类 App 区别于其他类型新媒体产品比较独特和显著的设计特征。此外,此类 App 另一个重要的特殊特征是同级界面的"页面"化的形式感,这和纸媒的媒介特征比较类似或延续性的阅读体验。抓住页面形式特征,可以比较容易地塑造出强烈的形象识别性,譬如翻页动效的设计、页面的版式设计。除了针对图文整合的页面要素形式外,诸如图标、控件等设计则可以纳入页面形式要素中,同样也是属于基本的界面设计内容,以及重要的产品形象识别细节。对细节的重视,是所有媒介形式追求品牌构建高度所应该具备的素养。

三、品牌传播

所谓品牌传播,是指"企业以品牌的核心价值为原则,在品牌识别的整体框架下,选择广告、公关、销售、人际等传播方式,将特定品牌推广出去,以建立品牌形象,促进市场销售。品牌的持续传播有利于培养消费者的忠诚。"[②]

品牌传播的核心目的在于通过向不同的消费者群体的传播,提升品牌的知名度、影响力,提高品牌在消费者心中的口碑和认知程度,最终起到促进产品销售的作用。

品牌传播是一种具体的、主动的行动,需要借助广告、公关、新闻、营销等传播手段。在互联网时代,传播的技术和载体相对以往有了超越性的进步,品牌传播方式

---

① 金君俐.从"图文并重"到"图文融合":论读图时代的办报理念创新[J].新闻大学,2014(4):144-147.
② 湛飞龙.品牌运作与管理[M].经济管理出版社,2012:

也进入了新的发展阶段。互联网时代品牌传播有着更加精准的用户细分、更加多样化的表现形式、更加快捷的品牌传播速度。

四、品牌延伸

品牌延伸是品牌建设中非常重要的理论之一,对于品牌延伸,不同的学者提出了不同的看法。凯文·莱恩·凯勒在《战略品牌管理》一书中认为,一家公司推出新产品的时候通常有三种品牌战略方式:一是专为新产品建立新品牌;二是直接套用公司现有的某品牌;三是将新品牌与一个现有品牌结合起来。[①] 如果该公司使用第二种和第三种方式推出新品,即可称为"品牌延伸"。营销学大师飞利浦·科特勒则对品牌延伸做出了以下定义:把一个现有的品牌名称使用到一个新类别的产品上。[②]

综合两位大师的定义,我们不难发现,所谓品牌延伸,就是企业把已经成熟的、具有较高美誉度和知名度的品牌迁延至新产品或新服务上使用,从而使新产品能够迅速挤进市场,获得消费者认可的一种策略。企业规模越大、战略越多元化,品牌延伸的重要性就越高。出于企业长期生存发展、规避经营风险、寻找新的利润增长点等需要,企业会积极地进行品牌延伸,从而推动新产品进入市场,维系消费者忠诚度,简化产品的市场导入计划,增强品牌形象。

总的来说,品牌的建立要注意把握品牌定位、品牌视觉形象等关键因素,同时要在互动传播中,认真记录并仔细分析沟通中出现的问题,及时解决。具体总结了以下几点影响品牌信息沟通的因素:

1. 品牌定位因素。定位决定品牌的价值,决定品牌的未来。企业的产品与众不同,在消费者的心中占据一定的位置,就能成为某一类商品优质、高性价比的代表。[③]

2. 品牌视觉形象因素。通过视觉语言传达品牌形象,称为视觉识别系统 VI。运用统一的、系统的、简单的和易记的视觉符号:品牌名称、标志、标准颜色等,传达企业的经营理念与形象。做到形象鲜明,易于区别,提升品牌传播力和感染力。

3. 产品推介因素。新传媒时代,用电商的交易数据推介商品,更具有说服力。比如:交易量,能够反映品牌受欢迎的程度;转化率,反映了客户看了商品后,有多少个客户产生了购买的比例等。还有发货速度评分、服务态度评分、好评率、卖家信用等都能保证让买家放心。

4. 企业文化因素。企业文化是企业为发展而树立并形成的基本信念,是企业的灵魂,它被组织成员认知并遵循,由此产生的组织行为,能引领企业走向广阔的未来,能使一个企业有一个良好的工作氛围,能带动员工的激情和动力[④],保持企业的活力。

---

① 凯文·莱恩·凯勒.战略品牌管理[M].吴水龙,何云译.中国人民大学出版社,2014:21.
② 凯文·莱恩·凯勒.战略品牌管理[M].吴水龙,何云译.中国人民大学出版社,2014:221.
③ 黄琪.网络品牌传播策略研究[J].中国传媒科技,2010,(4):53-56.
④ 闫放,金兆怀,张香武.网络信息时代信息环境与企业文化对企业绩效影响分析[J].情报科学,2013,(8):37-41.

5. 服务质量因素。服务质量是顾客能够感知的,它在企业与顾客交易中实现。服务质量高需要内部形成有效管理和支持系统。服务能满足顾客的期望时,质量就可认为达到了优良的水平。连贯性是服务质量的基本要求之一。

6. 市场公关因素。市场公关主要贯穿于宣传引导消费者,传播推广品牌信息的活动;收集相关信息,管理企业形象;研究沟通交际方法,协调客户关系;解决各种矛盾,化解危机的影响。

在品牌定位时代,企业要想在激烈的市场竞争中迅速建立起与维护好自己的品牌形象,要想在不断被细分的庞大消费群体中精准寻找到自己的目标客户群并进行精准传播,应该且必须高度重视客户关系管理,需要认真记录沟通中出现的现象与问题,仔细分析,并及时调整,达到提升效果,防止不利于品牌形象的传播发生。

第三节　案例分析:"澎湃新闻"的品牌建设

"澎湃新闻"作为传统媒体转型新媒体的典范案例,其品牌建设方面必然有典型性、创新性和独特性。目前品牌建设方面的理论已经相当成熟,为我们的分析研究提供了足够多的理论积淀,下面笔者将对应第二节的内容,从品牌定位、品牌要素、品牌传播以及品牌延伸四个角度对"澎湃新闻"的品牌建设进行分析。

一、"澎湃新闻"的品牌定位

(一)目标受众角度:定位是中上流知识阶层

媒体品牌定位需要考虑的第一个问题就是目标受众的定位,即"内容给谁看"的问题。无论是传统媒体还是互联网新媒体,受众群体的定位都是整个媒体定位的基础。媒体有不同的类型,有的注重时政类严肃新闻,如人民日报、解放日报;有的注重时尚娱乐,如VOGUE时尚、ELLE中国网;有的注重生活服务,如58同城网、百姓网等。媒体有了准确的目标受众定位,才能有的放矢地传播信息,并对内容进行合理的筛选过滤,达成预期的传播效果,完成相应的舆论导向职能。

"澎湃新闻"继承了《东方早报》的目标受众定位原则,为"正在全面建设小康社会的长江三角洲居民,以及关注上海、关注长三角、关注中国的人士,其主体是经济界人士和影响力、购买力正在上升的新一代市民。"[1]由此可见,"澎湃新闻"的核心受众群体是"大都市中高端人群",这样的群体在整个人口中有着较少的比重,他们受到过较高层次的教育,看待事物有自己独特的角度和思维,不会轻易随波逐流。同时他们关注社会形势、经济形势的变动,关注社会热点新闻和重大国际事件。这就

---

[1] 百度百科:"东方早报"词条,https://baike.baidu.com/item/%E4%B8%9C%E6%96%B9%E6%97%A9%E6%8A%A5.

决定了"澎湃新闻"的整体定位必须与过于"接地气"的民粹主义划清界限,用高质量、理性客观的新闻报道兑现向核心受众群体的承诺。

iiMediaResearch(艾媒咨询)发布的《2018上半年中国传统媒体 App 下载量排行榜》(华东地区)报告中有一项数据可以证明"澎湃新闻"的受众定位问题:2018年第一季度,相对于全国的手机新闻客户端用户满意度,一二线城市用户满意度排行榜中,"澎湃新闻"的排名更高、得分更高,与榜首的差距更为接近。①

表4-2　2018上半年中国传统媒体 App 下载量排行榜(华东地区)

排名	App 名称	总下载量(万)
1	东方头条	12 488.46
2	澎湃新闻	6 843.40
3	界面	3 356.38
4	荔枝新闻	2 801.70
5	闪电新闻	2 419.12
6	浙江新闻	2 116.38
7	齐鲁壹点	1 922.79
8	东方体育	1 651.44
9	上观新闻	1 225.77
10	唔哩	1 091.19

(二)产品服务角度:定位是时政类新闻产品代表

假如一个品牌被定义为产品类别的代表时,那么这个品牌与其他竞争品牌之间

---

① 数据来源:艾媒咨询《2018上半年中国传统媒体 App 下载量排行榜》,https://www.iimedia.cn/c400/62474.html.

的关系就变成了产品类别之间的竞争。① 可想而知,当用户选择了某一类产品时,作为品类代表的品牌自然成为其首选项。

"澎湃新闻"在创立初期,就以"专注时政与思想"作为主要特点,并在其主页的介绍中高调宣称:"澎湃新闻立志成为中国第一时政品牌。"② 从新闻媒体专业角度来看,时政思想类新闻是一个专业性很强、门槛很高的垂直细分领域。生产这类新闻内容首先需要媒体拥有采访权和一支相当专业的新闻采编团队,其次深谙中国新闻媒体生态环境,更需要强有力的官方背景。该细分领域的高门槛高要求导致目前主打时政思想类新闻的媒体品牌在移动互联网上非常稀缺。"澎湃新闻"借先天优势,以"中南海""打虎记""法治中国""思想市场"等一系列极具时政思想色彩的栏目为核心内容,强势介入时政思想类媒体细分领域,并在该领域迅速掌握了话语权,牢牢抓住了自己的目标受众群体。通过在特定产品细分市场的深耕,"澎湃新闻"也成为一个可以和网易、新浪等门户网站移植类新媒体以及今日头条、百度新闻等新闻内容抓取整合型新媒体正面抗衡的,专业化纯粹化的新媒体品牌。

二、"澎湃新闻"的品牌要素

品牌要素主要包括显性要素和隐性要素两部分,下面我们将对"澎湃新闻"品牌建设中关于"品牌要素"方面的内容进行分析。

(一)显性要素

1. 品牌名称

"澎湃新闻"相当考究地确立了品牌的名称。"澎湃"一词是英语 Paper 一词的音译,同时又是汉语中的常见词,用于形容水流动时的声音和气势,对于有基本文化素养的人来说通常不会出现误读,尤其对于澎湃新闻定位受众即所谓"都市中高端人群"来说更是如此。我们看到"澎湃"一词时,心中会下意识联想到一些与之相关的中文词组,典型的有"心潮澎湃""汹涌澎湃"等,这一类词组给人的印象通常是高大、奋进、正直、势不可挡,因此"澎湃新闻"的品牌名称带给受众的是如下的联想:时代大潮汹涌澎湃、一群有理想的新闻人身处伟大事业中心潮澎湃等等。可以说,"澎湃"二字为澎湃新闻的品牌建设加分不少,这一名称既朗朗上口又暗藏深意,树立了品牌在消费者心中的第一印象。

2. 品牌标志

如果说品牌名称是品牌的第一文字语言符号,是核心要素的话,那么品牌标志就是品牌的第一视觉符号,是识别和区分不同品牌的必要因素,也是品牌建设的关键要素之一,既有区分作用,也有引导他人联想的作用,同时体现了品牌的身份、展

---

① 周志民,刘世雄,张宁.品牌管理(第 2 版)[M].南开大学出版社,2014:50 - 53.
② "澎湃新闻网"——关于澎湃[EB/OL].http://www.thepaper.cn/about_paper.jsp.

现品牌的品位。品牌标志大致可分为文字标志(例如 SONY、IBM 等)、图形标志(例如奥迪四环、咬掉一口的苹果)和图文结合标志(例如新浪 Sina 就把其中的 i 字幕设计成一只大眼睛)三种。"澎湃新闻"的品牌标志采用的是中文和英文相结合的文字标志设计,上部为毛笔书写的"澎湃"两个大字,下部为英文"THE PAPER"小字,如图 4-1 所示。澎湃的标志设计简约大方,毫无多余线条,仅使用黑白两种颜色。这种 LOGO 设计风格体现了"澎湃新闻"的根本态度:严肃客观、庄重大气、黑白(是非)分明。

图 4-1 "澎湃新闻"品牌 LOGO

"澎湃新闻"的品牌标志设计是视觉表现上的一种成功,它把语言文学意义上的"澎湃"进行符号化包装,把抽象的概念具象化,并把受众对于"澎湃"一词的诸多正面联想巧妙地引导到"澎湃新闻"的各类新媒体产品之上。

3. 品牌口号

品牌显性要素中另一重要内容即为品牌标语口号,标语口号如同一篇文章的副标题,是对整个品牌进行最浓缩的描述和说明。约翰尼·K.约翰逊和库尔特·A.卡尔森在《现代品牌建设与管理》一书中对品牌标语口号做出了如下的解释:"标语是简短且容易记住的一行字,需要抓住消费者的想象,反映出品牌的独特卖点。"[①]NIKE(耐克)的一句"just do it"经典广告词直接树立了年轻消费者甩于冒险、永不服输的精神形象;戴比尔斯的经典口号"钻石恒久远,一颗永流传"脍炙人口,让地球上原本并不稀缺的钻石资源瞬间增加了关于爱情、婚姻等美好事物的价值,从工业原料摇身一变成为终身信物,价格更是数十倍地往上翻。这些都是品牌标语口号增加品牌价值的典型案例。

对于"澎湃新闻"这样的新品牌,标语口号则另有一项任务:点出产品最大的优势和创新之处。"澎湃新闻"手机 App 启动页面和澎湃新闻网主页中开宗明义地点名了品牌的标语口号——专注时政与思想的媒体开放平台,澎湃新闻在品牌建设过程中将这一标语口号作为一句座右铭,时常在显著位置出现,并将其作为新闻内容的生产原则。澎湃新闻的这一座右铭,是品牌对其"都市中高端人群"的目标受众群体的一句承诺,兑现承诺的方式则是源源不断地产出优质的时政思想类新闻内容,表明了"澎湃"这一新媒体新品牌的亮点,丰富了品牌的内涵,使品牌形象变得更为立体。"澎湃新闻"的品牌建设过程中,通过这一座右铭,把品牌的显性要素与品牌

---

① 约翰尼·K.约翰逊,库尔特·A.卡尔森.现代品牌建设与管理[M].李桂华等译.经济管理出版社,2017:29-30.

的隐形要素中的"品牌核心价值观"进行了链接,使受众在看到口号的同时感受到了该品牌的核心价值。

(二)隐性要素

品牌的隐性要素主要包括品牌个性和品牌核心价值等方面。本节笔者将通过实例,重点讨论"澎湃新闻"在打造品牌核心价值方面的具体做法。

品牌核心价值是指一个品牌承诺并兑现给消费者的最主要、最具差异性与持续性的价值,是一个品牌最中心、最独一无二的要素。品牌核心价值是品牌的精髓,也是品牌一切资产的源泉,因为它是驱动消费者认同、喜欢乃至忠诚一个品牌的主要力量。① 品牌核心价值是考量品牌是否强势的重要指标。

澎湃新闻网的自我介绍页面中指出,"澎湃的内容遵循以下四个原则:通俗但不庸俗,懂批评也懂建设,听民意但不迎合,谈问题也谈主义。澎湃希望在信息纷杂的时代,由追问洗出真相,为用户提供真正有价值的信息与见解,促进民智的成熟与社会的发展"。② 换句话说,"澎湃新闻"的核心价值就是通过生产专业的新闻产品,向社会披露信息和真相,满足受众的知情权,启迪大众的心智,引发思考和争鸣,彰显社会的公平与正义。

"澎湃新闻"的品牌核心价值观是在新闻内容上得到彰显的,主要体现在以下3个方面。

1. 深耕严肃专业新闻,反对媒体过度娱乐化

"澎湃新闻"设置了"视频""时事""思想""财经""生活"和"问吧"六大板块,共75个子栏目。其中"时事"板块共有23个子栏目,是比重最大的板块。

澎湃新闻新闻客户端正式上线以前,《东方早报》的团队就已经做出数个较有影响力的微信公众号,如中国政库、一号专案等,这些公众号关注中国政治领域和重大司法案件等领域。新闻客户端上线以后,这些公众号又被集成进客户端成为子栏目。其中"打虎记"是"澎湃新闻"的招牌栏目也是影响力最大的栏目,也是有别于其他新闻客户端的主要特征之一。"打虎记"与"澎湃新闻"注重时政思想的定位非常契合,紧跟十八大以来中央反腐倡廉的总体形势。澎湃新闻也力图把"打虎记"打造为中国反腐头号媒体平台,为这个栏目配备了最资深的调查记者团队,无论新闻数量还是调查深度,在"澎湃新闻"众多栏目中都是首屈一指的。

而另一个影响力较大的栏目"中南海"中,习近平总书记是绝对的主角。该栏目报道领导人的各种消息,涵盖了重要讲话、国际外交、军队建设等多个方面,是"澎湃新闻"所有栏目中严肃性最强的一个。

在中国,报道时政类新闻的门槛是相当高的,生产时政新闻需要得到相关监管部门的许可。澎湃新闻其实是利用了传统媒体特有的优势,深耕严肃新闻领域,并

---

① 湛飞龙.品牌运作与管理[M].经济管理出版社,2012:78.
② "澎湃新闻网"——关于澎湃[EB/OL].http://www.thepaper.cn/about_paper.jsp.

将其作为新媒体时代市场竞争的立身之本,并且这种特点被其他竞争者模仿的难度非常大。

2. 热点跟踪到底,拒绝烂尾新闻

很多情况下,一个新闻事件不可能通过一次报道就圆满结束,还需要后续的跟进,而所谓"烂尾新闻"就是指当一个新闻被媒体初步报道后不了了之,没了下文,新闻中提到的问题没有解决,事件中相关人员的后续情况无人知晓。以笔者在新闻媒体多年工作经验来看,真正做到杜绝烂尾新闻的难度是非常大的,因为烂尾新闻的产生有多方面的原因,而且很多情况下并不以媒体单方面意志为转移。比如当事人或受害人出于隐私等考虑不愿出镜,相关责任人或责任部门担心引火烧身从而拒绝采访,或通过行政命令阻挠调查采访。烂尾新闻拖延时间稍长就会迅速淡出受众的视线,被新的热点话题所覆盖,一些责任心不强的媒体出于"多一事不如少一事"的心理,对已过时效性的烂尾新闻不愿继续跟进,对上级部门责令"封口"的新闻更不愿去惹麻烦。但是,公众有知情之权,媒体有舆论监督之责,事件的真相需要媒体的披露,社会的公平正义必须得到彰显,因此,对"烂尾新闻"的态度是衡量一个媒体社会责任感的重要标志。

对于重大事件或社会热点新闻来说,它的每一步进展都牵动千万读者的心。因此你可能有这样一个需求:对于一个自己关注的新闻事件,可以及时而不遗漏地知道它的每一步进展。[①]"澎湃新闻"的内容特点之一就是新闻跟踪,拒绝烂尾。

3. 最大程度开放思想争鸣和受众参与

"澎湃新闻"以"专注时政与思想"为座右铭,以最活跃的时政新闻与最冷静的思想分析为两翼。一方面,"澎湃新闻"强化了"内容为王"的思路,在新闻内容上专业性甚至比传统媒体时代更胜一筹,另一方面,它并不仅仅立足于"内容工厂"的角色定位,这种定位只是把报纸搬到网上来,并没有遵循互联网的信息传播规律,"澎湃新闻"审时度势,意识到开放式互联网内容生产模式的意义。[②] 也就是说,除了专业的时政社会类原创新闻以外,思想类内容也是"澎湃新闻"的主要产品,并且从实际情况来看,思想类内容和时政类内容一样,都是"澎湃新闻"品牌核心价值观的载体。

在"澎湃新闻"六大板块中,主要承担思想启迪任务的是"思想"和"问吧"两个板块。其中"思想"板块包含了社论、澎湃评论等由"澎湃"发表的思想和观点,更包含了为学者开设的专栏,其中不乏赵鼎新、叶兆言、孙甘露、查道炯等各个领域的大家开设的个人言论栏目,其选题覆盖面相当之广。也就是说,在"澎湃新闻"中,不但有资深记者采访报道的原创新闻,也有各行各业思想大家的精华。

"问吧"板块则是媒体与受众互动的主要平台,该板块覆盖了政务、法律、教育、健康等16个领域。其主要互动形式是,由某一领域的专家或资深业内人士担任主持人,接受用户们的各种相关询问和质疑,再由主持人予以专业解答。

---

① "澎湃新闻网"——关于澎湃,http://www.thepaper.cn/about_paper.jsp.
② 常江,杨奇光."我心澎湃如昨":澎湃新闻与新闻客户端的崛起[J].新闻界,2014(18):9-17.

三、"澎湃新闻"的品牌传播

笔者认为,"澎湃新闻"在品牌传播中的工作最突出的亮点有以下两个方面:一为互联网时代的信息传播特点"碎片化传播";二为充分利用自身优势,用原创新闻将自身打造为"优质资讯传播源"。

(一)碎片化传播

"澎湃新闻"客户端最大限度地将文章分享功能便利化。每一篇澎湃发布的文章下方都有十分显眼的微信、微博转发按钮,这些按钮也是"澎湃新闻"客户端页面设计中除黑、白、灰、蓝以外为数不多的出现其他颜色之处。此外,相比一般的新闻客户端,"澎湃新闻"客户端的集成化分享按钮中涵盖了更多的网络平台,便于用户迅速通过各种方式将喜欢的文章转发到各处。

原搜狐网总编辑刘春的评价也间接地证明了"澎湃新闻"碎片化品牌传播的成功之处,他在微博点评时指出:"澎湃新闻最近的火爆仍然来自公共账号来自移动端的转发传播,澎湃的未来在 App 在移动端。"①

"澎湃新闻"碎片化品牌传播的一个典型案例即是在产品上线的头几天,由 CEO 邱兵写的一篇题为"我心澎湃如昨"的发刊辞引发的互联网病毒式话题传播,目前这篇发刊辞收录于"澎湃新闻网"的"中国政库"栏目,发布时间为 2014 年 7 月 25 日。从文字内容角度来看,"我心澎湃如昨"是富有个性的,它通篇并没有大谈"澎湃新闻"的辉煌历史,也没有畅想美好未来,没有一句表忠心、喊口号的话,而是以作者之口讲了一个大学时代的青春爱情故事,故事里有青春的青涩和对现实的无奈,更有

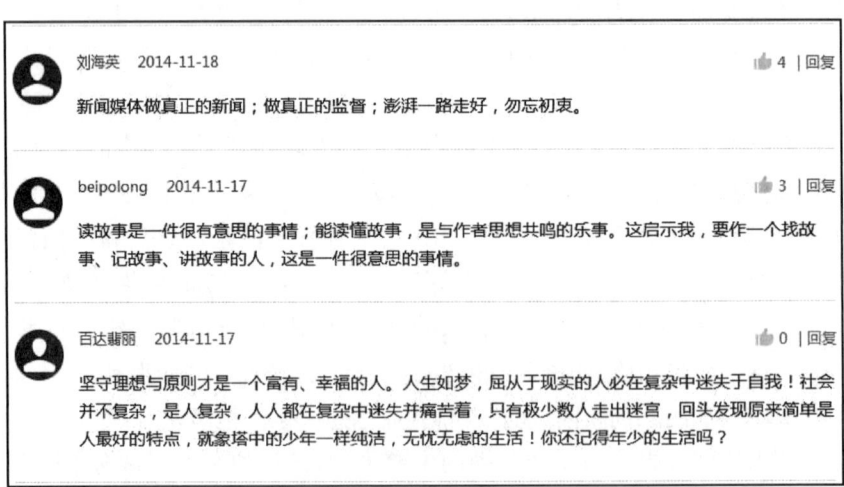

图4-2 "我心澎湃如昨"发刊辞页面下方留言

---

① 范洪岩.传统媒体移动化转型的典范——澎湃新闻[J].东南传播,2014(10):11-12.

对曾经心中理想的坚守。发刊辞开篇第一句话就是"谨以这段文字和这个互联网产品献给我们恋恋不舍的1980年代"。文章充满了文艺气息和浪漫主义色彩,也抒发了以CEO邱兵为代表的一批新闻人对峥嵘岁月的追忆,网络上曾有人评价这篇发刊辞为"一个理想主义者的告白"。

(二)用原创新闻打造传播源

作为传统大报改革转型而来的新媒体品牌,"澎湃新闻"重要优势之一就是拥有很强的原创内容的能力,普通的个人微信公众号和微博账号往往既不具备这种原创能力,也不拥有采访权,只能不停地从网络转载新闻,然后添加一些主观性很强的评论。而澎湃新闻则能够依靠先天优势,通过采编人员对事件的第一手采访报道而制作最接近事实真相的原创新闻。

优质的原创内容会吸引大量媒体的转载,笔者通过百度引擎中"新闻"栏目以"来源:澎湃新闻"为关键词进行搜索,获得搜索结果约342 000篇,如图4-3。不但远超腾讯、搜狐等常见互联网媒体,其数量甚至已经逼近了新华社、人民网等国家级媒体。这说明"澎湃新闻"现在已经成为互联网上重要的新闻消息传播源,众多媒体和网站都在对"澎湃新闻"制作的原创新闻进行转载或转发。

图4-3 "澎湃新闻"与其他主流媒体转载量对比

"澎湃新闻"方面也相当清楚自己"原创新闻传播源"的角色身份。我们在苹果手机App Store的"澎湃新闻"客户端内容介绍中可以见到这样一段文字:"您可能在网易新闻、腾讯新闻、天天快报、今日头条、新浪新闻、凤凰新闻、搜狐新闻、新浪微博、一点资讯、UC头条等各大新闻客户端上发现过澎湃新闻的原创资讯。那您应该打开澎湃新闻看看这些资讯本来的样子,并与广大澎湃用户一同参与话题讨论,享受阅读乐趣。"这一内容介绍说明"澎湃新闻"知道各大网络新媒体经常转载自己的原创新闻,并希望利用它们的影响力和传播渠道,提升自身品牌的知名度,争取在用户的手机中挤占一席之地。

四、"澎湃新闻"的品牌延伸

"澎湃新闻"的前身是《东方早报》,他们所实践的品牌延伸颇有可取之处,也成就了传统媒体转型的"澎湃模式"。

(一) 从"东早"到"澎湃"

众所周知,在互联网新媒体的强势冲击之下,以报纸为代表的传统纸媒遭遇了前所未有的"寒冬"。据国家新闻出版广电总局发布的《2015年新闻出版产业分析报告》显示,2015年全国报纸出版总营业收入为626.15亿元,较上年下滑10.27%,占新闻出版产业比重为2.89%,下挫0.6个百分点。报纸出版的总印数和总印张分别降低7.3%和19.1%,43家报业集团主营业务收入与利润总额分别降低6.9%和45.1%,其中31家报业集团出现亏损,较2014年增加14家。[①] 2015年全国范围内的报纸一个接一个地消失,作为中国经济龙头的上海也不能例外,《上海壹周》《上海商报》等报纸纷纷停刊倒闭。

市场环境的剧变倒逼传统媒体不得不进行改革,"澎湃新闻"的前身《东方早报》也不例外,早在2014年年初,"澎湃新闻"项目就已经在酝酿之中了。许多传统媒体只是把报纸或电视上的内容照搬到网页或是微信上,仅仅变更了受众的阅读介质和传播渠道,并没有根据不同介质的传播规律生产相匹配的内容,更没有与受众形成良性互动,与其说是新媒体,不如说是旧报纸的电子版。

相较而言,从《东方早报》到"澎湃新闻"的新媒体融合转型是坚决而彻底的,"澎湃新闻"和《东方早报》共同生存发展了两年半的时间,其间在《东方早报》继续发挥余热的同时,"澎湃新闻"也逐渐巩固了品牌的地位。2017年1月1日,随着新年钟声敲响,完成了历史使命的《东方早报》正式停刊,"澎湃新闻"正式取代了《东方早报》,继承了《东方早报》的舆论监督、舆论引导、新闻曝光等职能,完成了一次从纸媒到新媒体的华丽转身,复旦大学朱春阳教授盛赞其为"时政类纸媒新媒体融合的上海模式"。[②]

(二) 继承传统官媒的影响力

中国的传统媒体大多出身于党报、党台,具有很强的官办、国有性质。一般认为,传统媒体是党和政府的喉舌,传递了党和政府的声音,所以传统媒体在社会上有较高的权威性和公信力,权威性和公信力是所有传统媒体品牌共同的核心价值。[③] 尤其对于《东方早报》和"澎湃新闻"这一类以时政思想为主要内容的媒体来说,权威性和公信力是生命线,失去了权威性和公信力也就失去了一切。因此,"澎湃新闻"

[①] 澎湃新闻网:"版权声明",http://www.thepaper.cn/copyright_statement.jsp.
[②] 魏晗.从澎湃新闻看新媒体背景下纸媒转型之路[J].新媒体研究,2017(10):96-97.
[③] 杨书焱.传统媒体品牌延伸原则及策略[J].中国报业,2014(7):55-56.

在继承《东方早报》的品牌时,把继承发扬权威性和公信力放在了突出的位置。

《东方早报》作为上海报业集团旗下的一份"党报",自2003年创刊起一直强调自身的"社会公器"作用,全力制作"影响力至上"的高质量新闻,"澎湃新闻"继承了这一传统,上线以来主打时政类新闻,在稿件撰写和新闻栏目设计方面十分注重深度的思想发掘和碰撞。[①]

在澎湃新闻正式上线之前,以"澎湃新闻"署名的文章已经提前活跃在各大媒体网络平台,广受追捧。澎湃新闻的文章采访扎实,调查深入,观点新锐,专注于时政领域,带有精英主义,理想主义和新闻专业主义的色彩。"澎湃新闻"通过优质内容的生产,完美继承了传统媒体《东方早报》的公信力,并在此基础上发扬光大。

在本章节中,用过围绕"澎湃新闻"这一具体案例,简述了新媒体品牌的发展现状,并从品牌定位、品牌要素、品牌传播和品牌延伸四个方面,以企业的视角,对"澎湃新闻"的品牌建设工作进行了阐述和分析。

---

① 迟昕,丁磊.澎湃新闻:内容重塑传统媒体竞争力[J].新媒体研究,2016(15):85-86.

第五章　新媒体资本运营方式及盈利模式

在新媒体迅速发展的今天，投资、并购、上市等资本运营行为较之传统媒体时代更加频繁。跨媒体、跨地区、跨所有制、跨行业、跨行政级别的媒体资本运营大戏不断上演，资本俨然成为推动媒体转型和发展的引擎。现阶段媒体"资本主义"的特征有：资本市场成为媒体的另一个"血库"、跨地区跨行业的资本运营频繁、新媒体视频产业成为媒体资本运营的"风口"。然而，资本运营也是一把双刃剑，把握不好，资本自身的缺陷就会发作甚至被放纵。

"资本"二字在中国一度被定义为剥削的同义词。"资本主义"更是罪恶制度的代名词。时代变了，词汇的含义和情感色彩也在变化。在今天，无论哪个行业，"资本"都是一个必不可少的要素，"引资"招商甚至成为一个企业、一个地区最重要的工作任务。即便是在意识形态色彩极为浓厚的中国媒介产业市场，资本的地位和作用也一直在不断攀升，资本运营成了这几年媒介产业市场最热门的词汇。借助资本的力量，媒介产业不但自身不断壮大，而且不断将触角延伸、渗透到产业链上下游甚至相邻的其他产业。媒体的"资本主义"，正是对资本或者资本运营在媒体经营和管理中的重要性及其生存与发展状态的一种稍带夸张的描述。

当然，资本运营是一把"双刃剑"。运营得合理，资本将会给媒体带来更大的资源利用率、市场竞争力、社会影响力和创新能力；运营得不好，资本的利益没有享受到，反而可能饱尝资本运营的市场风险和社会副作用。对习惯于喉舌功能和宣传模式的中国绝大多数媒体来说，资本运营显然不是一门熟练和轻松的手艺，而是一门急需补习的必修课。

第一节　国内外媒体资本运营现状

什么是资本？马克思认为"资本是能够带来剩余价值的价值"。一般来说，媒体的"资本"，主要是指媒体拥有的各种经营性资源，包括房地产、技术设备等固定资产和资金、股票、证券等流动性资产。广义的资本还可以包括人才、品牌、经营资质乃至有偏向的媒介政策、制度等。在传统媒体时代，媒体资本具有明显的行业性、地域性、意识形态色彩。在新媒体时代,媒体资本的含义有所扩大,可以泛指企业直接拥有的和可以间接利用的一切内外部资源,包括传统媒体时代难以利用的区域外资源、行业外资源甚至境外资源。这是由新媒体自身的特性决定的。在新媒体蓬勃发展的大环境下,媒体的资本运营在媒体的生存和发展中居于越来越重要的地位。各种形式的媒体合作、资金拆借、资产并购与重组、投资与上市等层出不穷。资本的流量、流向和流程成了衡量媒体经营活跃程度乃至得失成败的重要指标。

但是,由于与生俱来的社会属性和公益特性,媒体在遵循市场规律的同时,又不能无限度地追求利益的最大化,而是需要承担一定的社会责任。因此,媒体的"资本主义"必须在资本的逻辑和社会的利益之间,把握好一种平衡。但是这种平衡是在媒体资本运营的过程中完成的,不但需要一种自觉,而且需要制度的"刚性"。

一、国外媒体资本运营的现状

国际传媒巨头的发展历史,可以说就是一部资本运营的历史,甚至可以说就是一部互相兼并和收购的历史。欧美传媒产业的每一次大整合,都伴随着一番资本运营和企业并购的狂潮。

美国 1996 年颁布的新《电信法》是欧美传媒业并购行为加剧的催化剂,并很快波及欧洲大陆。这次以市场化为导向的并购浪潮使得欧美的媒体所有权结构发生了很大的变化,形成了公共广播电视系统和商业广播电视系统双轨并存的二元结构。进入 21 世纪后,随着数字媒体与社交媒体的兴起,又一轮更加猛烈的资本运作再次冲击欧美的传媒产业。

通过对欧美媒体市场近五年来比较重大的媒体资本运营案例所做的统计和分析(参见表 5-1),笔者总结了以下特点:

表 5-1 近五年来欧美传媒业重大并购案例一览

序号	时间	涉及金额(美元)	资本运营事件
1	2012 年	2 000 万	社交网站 Facebook 联合创始人克里斯·休斯收购《新共和》杂志多数股权
2	2013 年	7 000 万	新闻集团旗下 21 世纪福克斯收购 Vice Media 股份
3	2013 年	2.5 亿	亚马逊创始人贝索斯收购《华盛顿邮报》
4	2013 年	7 000 万	波士顿红袜棒球队所有者约翰·亨利收购《波士顿环球报》和其他新英格兰媒体集团资产
5	2014 年	5 亿	迪士尼收购网络视频制作商 Maker Studios
6	2014 年	1 200 万	贝索斯投资在线新闻平台 Business Insider
7	2014 年	8 125 万	赫斯特集团收购 Awesomeness TV(ATV)25%股份
8	2014 年	5.42 亿	谷歌、高通资本等投资增强现实公司 Magic Leap

(续表)

序号	时间	涉及金额(美元)	资本运营事件
9	2015年	4亿	NBC环球公司投资新媒体Vox Media和BuzzFeed
10	2015年	3 050万	康斯卡特、时代华纳等公司共同投资Next VR
11	2015年	44亿	美国通信巨头Verizon宣布收购美国在线AOL
12	2015年	3.43亿	德国出版商施普林格收购Business Insider
13	2015年	6 500万	沃特-迪斯尼、天空等公司投资VR厂商Jaunt
14	2015年	490亿	美国电信巨头AT&T收购卫星电视服务商Direct TV
15	2016年	38亿	美国有线电视康卡斯特收购动画工作室梦工厂
16	2016年	5.83亿	时代华纳收购视频网站Hulu 10%的股份
17	2016年	48亿	Verizon收购雅虎核心业务
18	2016年	854亿	AT&T收购时代华纳

（1）媒体并购的数量呈逐年增长的态势。2015年和2016年发生的媒体并购事件数量比前三年发生的并购事件总和还要多。

（2）媒体并购的金额越来越大。超过30亿美元的5起并购案例都是在2015年和2016年发生的。

（3）美国仍然是全球媒体并购最活跃的市场。除了德国老牌的出版商斯普林格集团的一起收购案外，其余的重大收购案例都是在美国媒体之间完成的。这充分显示，美国媒体和资本市场比较活跃，媒体并购的环境相对宽松，美国的国际媒体市场中心地位仍然难以被他国取代。

（4）跨业收购案例明显增多。超过2亿美元的重大并购案例都不是在本行业完成的，而是跨媒体和跨行业完成的。这说明媒体产业市场的开放程度很高。

（5）新媒体受到越来越多的重视。在规模较大的18起媒体并购案例中，有11起涉及新媒体业务。这充分说明了新媒体的重要性和市场地位以及发展预期都比较高，比较容易受到资本市场的青睐。

（6）电信产业与媒体产业的相互渗透与合流趋势明显。最大的两起收购案的买主均是电视业的老冤家电信产业中的大鳄。

从上述媒体并购案例中，可以明显看出，如果说数字技术是媒体板块不断裂变的外动力，那么，资本就是媒体经营和市场格局重新组合的幕后推手。

二、国内媒体资本运营的现状

与西方相比，中国在计划经济时期媒体意识形态色彩比较浓，一度"谈资色变"。自20世纪90年代末期首批传媒类公司上市以来，经过十几年的历练和近年来资本大潮的洗礼,现在传媒业利用资本的手段越来越灵活多样,资本市场对传媒业的认可程度也越来越高。但受僵化体制和媒体功能的影响,中国的媒体市场对资本市场整体上还是处于一种"欲迎还拒"的不正常状态。即便是在媒体市场内部,也受限于行政的"篱笆"而难以自由"恋爱",更别说"谈婚论嫁"了。但正像情感是人的本能一样,资本运营也是媒体产业的本能。只要有别的行业在做样板,只要有强烈的市场需求,媒体资本运营的冲动就一直存在。

在互联网产业的冲击下,特别是在百度、腾讯和阿里巴巴(所谓的BAT)龙腾虎跃般发展的刺激下,国内传统媒体行业对资本的需求和冲动持续升温,传媒产业内部与其他行业的资本运营活动频繁,资本驱动下的媒体资源配置不断优化。除了人们熟知的PE(Private Equity,私募股权)、VC(Venture Cap-ital,风险投资)、银行贷款之外,传媒企业也在积极运作IPO(Initial Public Offerings,首次公开募股)或者借壳上市、定向增发、股权质押、设立投资基金等更加主动的方式。(参见表5-2)

表5-2 2012—2016年中国传媒业重大并购案例一览

序号	时间	涉及金额	事件
1	2012年5月	26亿元	万达集团并购AMC影院公司
2	2013年5月	5.86亿美元	阿里巴巴投资新浪微博
3	2013年7月	3.7亿美元	百度收购PPS视频业务
4	2013年7月	16.52亿元	华策影视并购克顿传媒
5	2013年10月	4.5亿元	粤传媒并购香榭丽传媒
6	2013年10月	4.2亿美元	苏宁联合弘毅资本投资PPTV
7	2013年12月	4亿元	华谊兄弟收购永乐影视51%股权
8	2014年3月	10亿元	中南重工并购大唐辉煌
9	2014年4月	65亿元	马云投资华数传媒,持有其20%股份
10	2014年4月	25亿元	百纳影视并购蓝色火焰
11	2014年11月	341亿元	百事通收购东方明珠
12	2014年11月	36亿元	腾讯和阿里巴巴共同投资华谊兄弟
13	2014年11月	50亿元	腾讯收购盛大文学
14	2015年3月	24亿元	阿里巴巴投资光线传媒
15	2015年6月	6.8亿元	蓝色光标收购多盟智胜网络
16	2015年11月	238亿元	阿里巴巴全面收购优酷土豆
17	2016年1月	1亿元	华人文化产业基金投资华尔街
18	2016年5月	98亿元	乐视网收购乐视影业

从表5-2所列的案例中可以明显看出国内传媒业资本运营具有以下特点:

(1) 资本运营的投资或者购买对象偏向新媒体企业。
(2) 资本运营的投资或者买卖主体清一色是民营媒体。
(3) 资本运营的主要对象是影视企业。
(4) 万达集团、中南重工、苏宁等行业外集团首次涉足媒介产业。
(5) 资本运营的主要玩家有集中或垄断的趋势。
(6) 资本运营的规模有不断扩大的趋势。
(7) 传统媒体在资本运营市场上处于失语或缺位状态。
(8) 收购成为上市之后媒体资本运营的另一种主要方式。

传统媒体在资本运营市场上的缺位或失语主要受到两种限制：政策和能力。一方面，至今为止，传统的报刊业和广电业核心业务仍然禁止包括民营资本和行业外资本染指，而边缘业务又难以引起外来资本的兴趣；另一方面，传统媒体自身资本积累有限，经验和魄力俱缺，所以，也难以在行业内施展资本的身手。目前，一些国资背景的广电集团和报业集团正在竭力冲破政策的限制，尝试设立各种形式的投资基金，力图在本行业和新媒体产业市场上有所作为。

第二节 新媒体时代媒介资本运营的特征

一、新媒体时代媒介资本运营的主要特征

（一）新媒体的市场总量持续增长

目前，新媒体成为用户获得信息的首要方式，受众需求为新媒体的发展提供了强大动力。截至2017年9月，微博月活跃用户共3.76亿，而根据微信数据，（9月）日登录用户9.02亿，公众号的注册总量已经超过2 000万。移动互联网时代，信息技术给新媒体的发展提供了强大的动力，新媒体在追求简便实用、符合现代信息消费方式的过程中不断革新。对于那些人才外流严重、战略、技术储备薄弱的传媒集团来说，自主研发产品进行媒体融合已经很难有实际成效，更有性价比的选择是利用政策和资本的优势，从VC手中收购发展成熟的新媒体项目。因此，在新媒体的发展原动力和市场需求的双重作用下，市场总量呈现爆炸式增长。

（二）新媒体的资本需求旺盛

新媒体的发展需要有效整合自身资源，在平台建设、人员招募和配套措施上需要大量的资金投入，但其自身很难有强大的资金来支持自身的扩充、发展。在新媒体发展的体量巨大且很难具备雄厚的资金实力来支撑其后续发展的情况下，对资本的需求日益凸显。新传媒产业资本运营是一种极为有效的融资手段，可以用少量的

新媒体资产来控制、吸纳大量的社会闲散资金,扩大新媒体的经济实力和社会影响力,有利于提高新媒体的竞争力和抗风险能力,它可以为新传媒产业的发展提供强有力的经济保障。

(三)新媒体融资能力逐渐提升

对于内容创业而言,融资多少是新媒体发展状况的重要体现。虽然新媒体的融资在前期呈现出疲软的状态,但是从今年的表现来看,新媒体的融资能力在逐渐增强。新媒体强调某种内容增值业务与服务,通过为用户提供各种增值业务技术服务等就能成为很好的盈利点。[①] 随着新媒体行业的整体规范化、盈利前景明朗化,新媒体的融资能力也在不断增强。从2015年下半年开始,自媒体融资进入了一个明显的爆发期,自媒体的融资水平无论从数量上还是质量上都有了非常明显的提升。

(四)更容易剥离传统媒体

传统媒体肩负着宣传和经营两种责任,在很多时候需要承担更多的社会责任。传统传媒产业进行资本运营有诸多体制瓶颈限制,包括条块分割、多头管理的管理体制与规模化发展之间的矛盾。相对于传统媒体来说,新媒体的宣传责任在整个经营系统中所占的比重要小得多,拥有更加灵活的经营方式,更容易将经营领域从事业单位母体中分离出来,成为一个纯粹的经营性企业。在政策允许的前提下,传媒集团可以将经营业务在新媒体中独立出来,宣传业务不受经营业务的影响,更有利于发挥其在市场上的经济主动性,更好地参与到市场竞争中。

二、新媒体在资本运营方面存在的问题

(一)新媒体发展资金投入不足

在新媒体的开发过程中,需要大量的技术投入、宣传投入、内容生产投入等。以Papi酱为例,虽然Papi酱依托社交平台开拓了一个基本的新媒体雏形,但是在节目发展到更高层次的时候,便需要引入大量的风险投资来进行批量化的生产,融资也就成了必然的选择,这是媒体发展的必然规律。新媒体在发展过程中,大多数都要经历一个"烧钱"的过程,单个中小型企业资金投入不足的问题普遍存在,新媒体的发展迫切需要外界资本的注入。

(二)新媒体投资回报周期漫长

在信息进入快消品时代,我国目前约有357万家网站、6亿个微博账号、2000多万个微信公号,按照我国目前的人口规模和网民规模做比较的话,新媒体市场已基

---

① 陈晓英.风险资本进入新媒体企业的投资决策研究[J].财会通讯,2015(26):6-8.

本饱和,由"量变"转向"质变"成为必然趋势。新媒体需要经历一个转型整合阶段,这是一个资本与内容的双重较量。在新媒体发展过程中,商业价值链被不断拉长,资本之间的博弈强度会不断增加,成本回收周期也越来越长,增加了资本获利的不确定性,投资者也会因此变得更加慎重,新媒体获得投资的难度加大。

(三)新媒体盈利模式不清晰

新媒体天生就是靠"免费"来获得用户黏性的,但长期依靠免费模式获得流量,进而吸引广告商这种看似由传统媒体验证过的模式,最终都很难支撑一个新媒体项目的全部。① 虽然新媒体也积极尝试付费下载、内容定制、金融服务等盈利方式,但"免费+广告"模式仍然是目前新媒体运营的主流。在盈利模式不清晰的情况下,对新媒体的投资自然呈现出很大的风险性。微薄的盈利更让投资者很难找到投资信心,而资本的缺乏也会进一步导致新媒体的举步维艰,从而形成一种恶性循环。

(四)新媒体独立上市难且退出渠道少

就我国媒体上市的经验来看,我国在这方面还没有形成一套合理、有序、高效的模式。新媒体的诞生最常见的有两种形式,一种是传统媒体通过改造或者利用现有资源开拓新的媒体形式;另一种则是通过社交网络平台从个体出发,发展壮大后再吸引资本注入。无论是哪种形式,新媒体都因为体量小,普遍存在上市难的问题。此外,我国的风险投资市场还不成熟,相关政策不完善,新媒体即使凭借借壳等方式成功上市,在遇到经营状况时,也没有完备的退出机制。② 资本在选择新媒体投资的时候,要充分考量新媒体的发展潜力,上市难、退市难等风险无疑会令很多投资者望而却步。

三、新媒体资本运作发展策略

(一)更新新媒体资本运营观念

新媒体资本运营要想得到更好的发展,首先必须改变资本运营观念。把握政策资本运营现今已经成为传媒业的核心议题,它对于当代我国传媒企业具有特殊的意义。经过两年多在新媒体领域的资本运作,可知资本运营最关键的还是传媒管理者、从业者的观念更新问题。资本的重要性并不仅仅在于它是所有权的标志,更在于它是传媒企业运营、发展和成长依赖的最基础、最根本的资产来源。传媒公司应当获得资本并有效地利用资本,最终使资本得以升值。要理性看待资本的作用,才能为充分、合理地利用资本设置完善的制度保障。

---

① 葛欣航.浅谈新媒体及其对媒体经营管理的影响[J].当代经济,2012(2):41-43.
② 赵曙光,耿强.媒介资本市场——应用导向的分析[M].湖南人民出版社,2003:126-127.

（二）组建新媒体专业运行机构

事业属性和工具属性是我国媒体的两大基本属性，资本运营绝对不能动摇传媒产业的喉舌地位。[①] 新媒体实现资本运营的快速发展，必须先理清经济属性与事业属性和工具属性的关系，并将经济属性剥离开来，从人力资源、盈利模式等诸多方面进行针对性设计。新媒体发展要在内容和人才上双重发力，实现基因置换、思维重塑。但是新媒体和传统媒体在本质上并不是完全对立的。新媒体的发展可以尝试和传统媒体的经营者建立战略合作伙伴关系，共享传统媒体积累的优质人力资源、广告资源和资本资源等。

（三）构建新媒体发展产业生态

根据《自媒体人生存状况调查》数据显示，目前，23.73%的自媒体从业者只将自媒体运营视为业余爱好，另有18.46%的自媒体人是兼职运营者，这就决定了相当部分的新媒体人缺乏运营基础和动力。新媒体在媒介资本运作上，要形成一整套适合新媒体的发展模式，今日头条的"分销模式""3W"的线下互动模式等都是很好的尝试。无论是人力资源、技术资源、设备资源，还是资本资源等，都需要根据现实的需要进行合理的优化配置，真正实现媒体"再造"而不是媒体"改造"。

（四）探索新媒体融资进退机制

新媒体的融资渠道主要包括以下几种：一是通过金融资本，即直接获得国内商业银行授信额度的支持；二是通过上市公司从证券市场募集资金；三是利用产业投资基金。[②] 对新媒体企业来说，完善资本进入制度，借力资本市场，支持各种新媒体技术研发与内容运营，需要在传统媒体上市的基础上，探索出符合新媒体特性的上市融资方式。风险投资人在考虑获得高额回报时，必须制定切实可行的退出机制，以便在发生危机时能够及时退出。具体可从这几方面着手：一是被投资公司在股票市场上公开发行股票上市，风险资本可以通过出售股份退出；二是由被投资公司回购风险资本；三是投资公司的股份或者部分股份转让给其他公司，风险投资机构需要根据实际情况采用切实可行的退出机制。

第三节　新媒体运营的盈利模式

新媒体时代，广告，依然是新媒体公司的主要收入方式。但与传统媒体时代不同的是，当下新媒体时代的广告投放并非传统"广撒网式"的全面覆盖，而是根据用

[①] 李福荣,王恒.中国传媒产业资本运营发展模式探索[J].经济研究导刊,2012(12):162-163.
[②] 田应坪.中国传媒业的资本运作[J].中国广播电视学刊,2010(12):23-24.

户的兴趣来进行投放。使用同一个新媒体产品的不同用户看到的会是为其量身定做的不同广告，这一做法的好处不仅是降低广告商投放的成本，同时还能削弱用户的反感心理。此外，新媒体时代的广告投放突破了媒介的束缚，任何移动终端上都可以出现广告的身影。除此之外，新媒体时代企业的变现模式，也从以往的"单一"模式向"多元化"模式发现，如图5-1所示。①

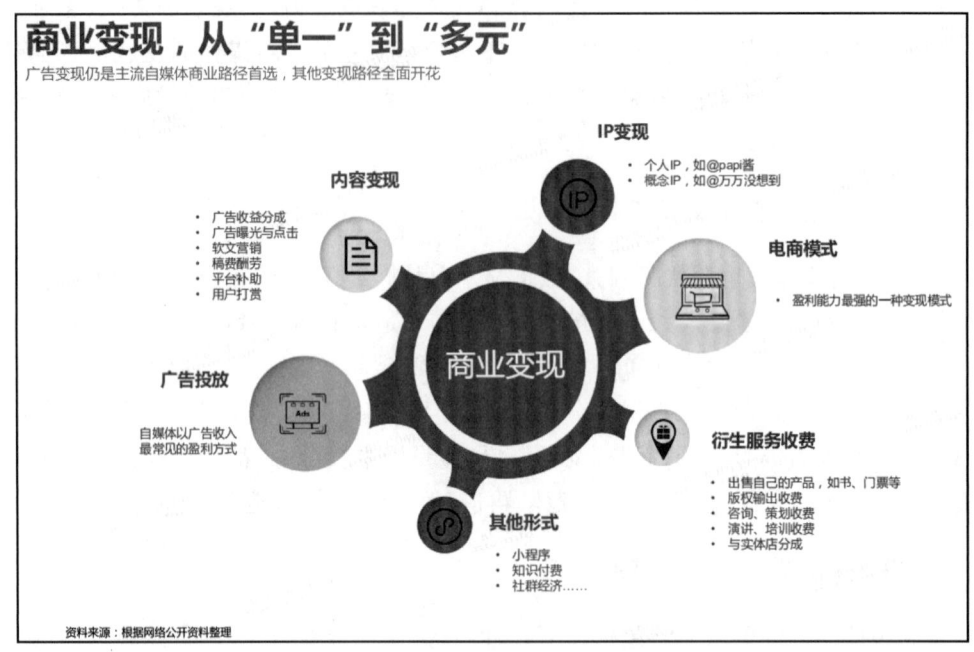

图 5-1　新媒体时代商业变现模式

新媒体时代，手机游戏也成为这一时期新媒体产品的主要收入来源之一。在新媒体产品中，游戏因其新颖的设计和丰富的环节设置，使其坐拥数量庞大的用户且都黏性很高。而随着人们生活水平的不断提高，收入的不断增长，付费能力也不断提升，与此同时，支付宝等移动支付应用的方便快捷，更是为用户提供了便捷的付费途径，大大降低了用户在付费时的心理压力，从某种程度上来说，同样促进了用户的付费行为。

自 2012 年腾讯推出微信公众号以来，产生了大量以微信内容为运营主体的自媒体。较为典型的有知识教育类的逻辑思维、视知，以及以生活美学类为主的一条、二更。这类自媒体类内容产品，呈现出与传统内容产品所不同的多元化收入方式，广告、电商、付费阅读是内容项目变现的主要方式。

除此之外，全媒体时代下，视频网站、微博等应用的会员收费也是其新媒体产品的收入来源之一。

---

① 引自《2018 年自媒体行业白皮书》，https://wenku.baidu.com/view/7db142600640be1e650e52ea551810a6f424c843.html。

一、广告盈利模式

在我国,许多做基础网络服务产品的新媒体企业是以免费的方式获取基础用户群体的,例如网络信息类产品,网络社交沟通类产品以及电商类产品、网络泛娱乐类等产品。因而,新媒体企业针对这类免费获取的基础用户而言,主要的商业变现模式就是在其产品内设置各类企业广告推广。广告收益是这类做基础网络服务产品的新媒体企业盈利的主要方式。例如作为门户型新闻资讯为主的新浪网,其广告投放是企业品牌网络推广广告,而作为搜索引擎为例的百度、谷歌,其中的定向搜索广告是其盈利方式,这些都是目前 PC 端利用网络广告盈利的主要形式。除了财力背景雄厚的百度、新浪等,即使是自媒体也主要依靠广告变现,如图 5-2 所示。①

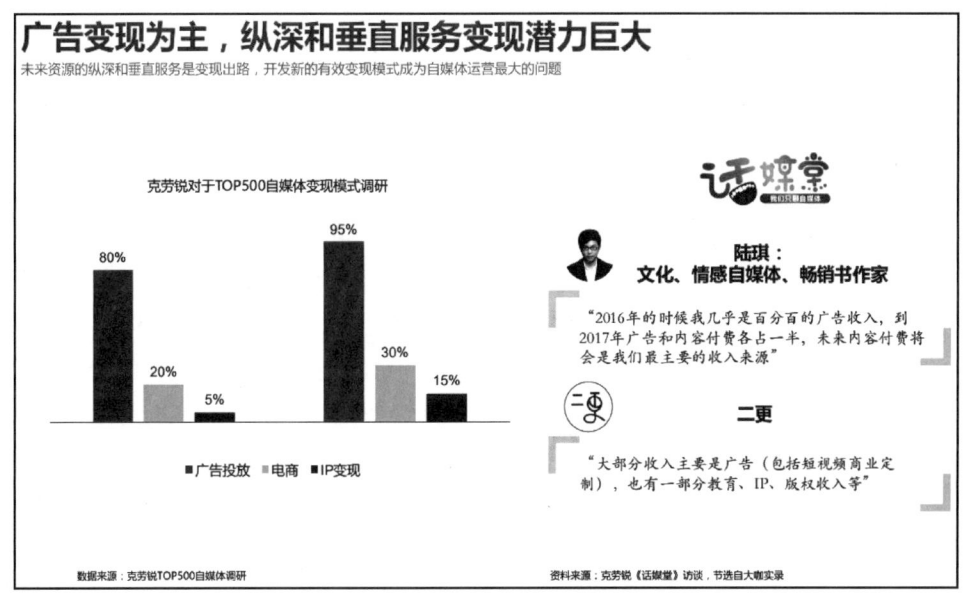

图 5-2 自媒体变现模式分析

阿里是典型的电商广告代表,如向 C2C 淘宝个人卖家收取的在线营销费用,向 B2C 天猫企业卖家收取的交易额佣金费用,向聚划算卖家收取的展示广告位置费用,以及特定的旺铺月使用费用,总体上,阿里在中国零售方面的营收主要来源于对卖家的广告推广。

腾讯的微信朋友圈广告则是典型的社交广告。一方面,新媒体时代,社交应用不断成熟,广告,也依然是社交平台变现的主要方式,相对于其他网络广告,社交平台广告具有社交化、视频化、智能化的特点,能基于用户的社交关系、兴趣和行为锁定目标受众,进行精准营销,大幅提升了广告投放的到达率和转化率,吸引广告主使用,使得社交广告市场份额不断扩大。另一方面,在内容上,生产者能通过社交平台

---

① 引自《2018 年自媒体行业白皮书》,https://wenku.baidu.com/view/7db142600640be1e650e52ea551810a6f424c843.html。

实现商业变现,2018年内容生产者在微博上的收入规模达268亿。其中网红电商是目前发展最快、最主要的变现方式,2018年网红电商收入达254亿,占比为94.8%,同比增长36%,[①]商业变现能力稳步提升。

二、收费盈利模式

在互联网产品的基础用户中,有一部分年轻、高频使用的重度用户,针对他们,企业可以开发多功能的衍生周边产品,为其提供增值服务,并通过收费方式变现这部分用户的增值价值。以腾讯为例,其核心产品QQ、微信是最受欢迎的社交服务应用,用户的活跃度和黏性非常高。腾讯在QQ的基础上延伸了网络游戏、新闻、视频、电商等增值服务,用户每天都会收到QQ和微信所推送的腾讯新闻,而用户想要进一步浏览所推送的新闻,需要下载腾讯新闻客户端和腾讯视频客户端,如此一来又通过社交产品提高了延伸服务的用户数量,网络游戏更是成为腾讯最大的收入来源。

我国新媒体组织的具体收费方式,主要有会员直接收费、会员电商、电商佣金提成、游戏收费等。

其一,会员直接收费方式。主要是用产品招揽会员,通过会员缴费的方式实现收入的变现。以罗辑思维为例,其定位为一档读书思考类节目,它在知识中寻找独立的见解,让受众在知识中寻找思维的乐趣,口号是"死磕自己,愉悦大家"。随着体验经济时代的到来,只要让消费者完全投入,一切都有可能。罗辑思维的会员收费方式,是罗辑思维社群经济的具体体现,实质是罗辑思维高频使用的粉丝用户(只占罗辑思维用户群体的1%)为了融入罗辑思维知识社群或者平台而付出的心理上可以承受的合理代价。2013年8月,罗辑思维进行了第一次会员招募,会员权益几乎没有什么实质性内容,4个小时后售罄5 500个会员,入账160万元,被称为"史上最无理的付费会员制",但当天却被认为是自媒体最有意义的一天。2013年12月,罗辑思维第二次招募会员,会员权益没有实质变化,仅在24小时内就卖出2万个,收入800万元。目前,罗辑思维总共有66 000名付费会员,其中铁杆会员16 000人,收费1 500元/人;亲情会员50 000人,收费300元/人,总计3 900万元。

其二,会员电商方式。互联网产品在积累一定会员规模的基础上开始通过在自身平台上出售商品来增加收入。罗辑思维的会员电商主要有以下几种:第一,定制书籍和文具。罗辑思维每期都会推荐很多好书,有的书已经绝版,所以,罗辑思维和书的作者合作推出罗辑思维定制版,价格比亚马逊、当当、京东这些网站要贵很多,但销售一样火爆,像《战天京》在公众号里销售45元包邮,20 000套很快售罄。另外,为了选题,罗振宇每天做日课,在笔记上记录简要的思维过程。他发现这是一个很好的管理自己的方式,相当于写日记,但比日记精简、实用、一目了然,所以经过策划

---

① 数据来源:新浪微博,https://weibo.com/1672525895/HiKALDWM0? refer_flag=1001030103_&type=comment#_rnd1557200000967.

包装,推出精美实用的《日课》春、夏、秋、冬四本,其实就是民国老课本和日历、笔记本的集合,高价售卖,并在微信上每天示范使用,《日课》也成为很多罗辑思维会员的抢手货。第二,罗辑思维本身推出书籍和文章。罗辑思维虽然是一档网络脱口秀,但知识含量大,主持人语言幽默、犀利、逻辑严密,所以,每一期节目都是一篇好文章,出版方借助微信平台促销商品。第三,其他产品的售卖。最典型的例子就是2014年7月,罗辑思维进行了月饼销售活动。"罗辑思维月饼,真爱特供,想要你就大声叫",用户既可以自己购买,也可以找别人帮他买,"可以测试真爱",一盒199元,最后完成订单数20 271笔,总销量23 214盒。

其三,电商佣金提成方式。佣金与分成模式的逻辑是,帮助客户达成交易,并从交易金额中扣除一定的费用。以天猫为例,如果商家想在天猫上开店,需要向天猫缴纳三项费用:保证金、技术服务年费、技术服务费率,其中技术服务费率是天猫的主要盈利模式。每件商品成交后,天猫都会从成交额中收取一定比例的服务费,不同类别的商品费率不同。例如按照2013年的标准,如果在天猫上成功卖出一本图书,天猫会按照2%的比例抽取服务费;而如果成功卖出一套卫浴用品,则需要缴纳5%的服务费。天猫每天的成交量巨大,所以靠着收取服务费,每天都会产生大量的盈利。

其四,游戏收费方式。游戏的创收做得最成功的当属腾讯。腾讯依靠QQ积累的亿万级用户规模发展网络游戏,获得了巨大的收入。目前网络游戏盈利模式主要有四种:第一,收费游戏,一般以出售游戏盈利,如销售游戏点卡或按时收费等;第二,增值业务收费,一般采用游戏免费、增值服务收费形式,如道具、装备收费等,目前这种模式在市场中占比较高;第三,广告收费,将产品或品牌信息嵌入游戏,用户在玩游戏的过程中,接触到广告产品,向第三方广告商收取费用;第四,周边产品,指通过自行或授权生产,开发与游戏相关的实体产品获取利润。

总体而言,我国互联网产品的商业变现模式,主要体现为通过"免费换广告"和"增值服务换收费"这两大收入模式以及广告、电商、游戏、会员这四种具体收入方式。

三、用户价值变现盈利模式

其一,持续的变现能力最终取决于用户对产品的依赖程度。变现能力和用户对产品的依赖程度密切相关,用户对产品的依赖程度高、有较大的私性,产品可替代性较低,变现能力就强。

变现能力最高的是腾讯,用户对微信、QQ的使用率和依赖程度非常高(当然也是因为腾讯的社交工具是足够好的产品),因此在社交的基础上腾讯延伸了游戏、视频、电商、线上支付等变现方式。

阿里的支付宝产品的变现能力随着移动互联网和"互联网+"时代的到来,其变现场景也日趋多元化,网上购物、商场购物、理财、支付电影票、城市生活服务缴费(话费、电费、天然气费、出租车费、看病交挂号费、治疗费、药费、出门订火车票、飞机票、订酒店），支付宝几乎成为互联网用户线上线下生活的总"财务"管家。

其二，以"活动推广"带动产品变现能力的提升。活动推广既是快速积累用户规模的有效方法，同时也是直接带动某些产品变现能力提升的重要方法。如淘宝的"双十一"活动，几乎占电商媒体全年收入的大部分比例。图5-3为天猫"双十一"活动历年销售额变化图，可见天猫的"双十一"活动历年的收入快速增长的状况。

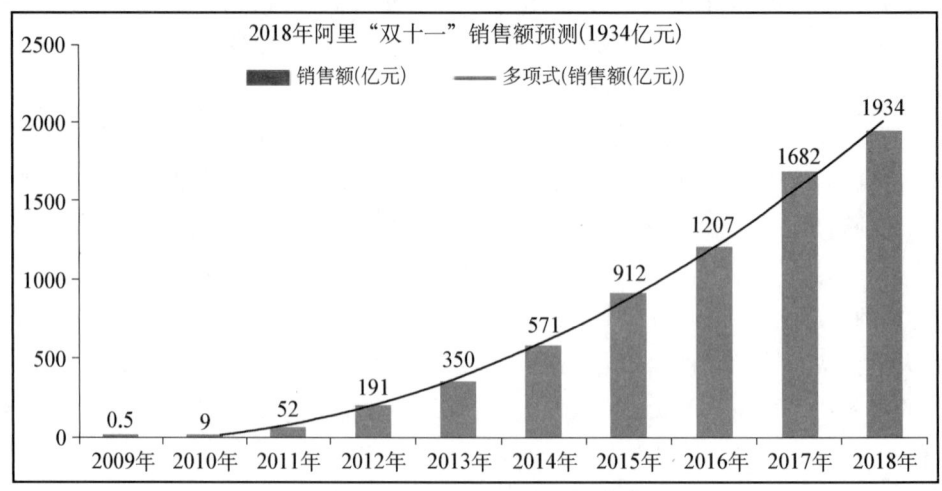

图5-3 "双十一"历年销售变化图

综上所述，新媒体公司一款互联网产品的商业模式，最初主要是创建和打造让用户满意的极致产品，以此获取规模用户的价值，再以广告模式和收费模式对规模用户价值进行商业变现，将其转化为广告、电商、游戏、会员等收入形式。当然，不同类型的互联网产品的具体收入方式因其特性而不同。

互联网产品的商业模式和具体收入模式体现用户需求和体验要求，是在优质产品所积累的用户规模尤其是活跃用户规模基础之上的用户价值的商业变现过程。从这个意义讲，对于新媒体组织，无论是初创期的新产品开发和成长，还是成熟时期的老产品的持续迭代，在互联网技术和互联网市场突变时代，应把90%的时间和精力放在用户真实需求、用户体验所要求的产品形态研究上。互联网产品的具体收入模式，主要包括在线广告收入、电商佣金以及会员付费、用户付费等多元化变现模式。

第六章 微信公众平台的运营与管理

截至2018年9月,微信的月活用户数约为10.8亿。[①] 必须得说,微信已然成为新媒体时代移动互联网平台最具号召力的产品之一,这就让各行各业的人试图利用微信扩大其下商业的影响力。

然而,就目前来说,微信公众号吸粉越来越难,打开率持续下滑,一些公众号粉丝甚至出现负增长,但微信的价值仍不容忽视。运营者能否做好公众号,定位,至关重要。是定位于传播平台、服务平台,还是销售渠道,如果定位出现偏差,会造成公众号的运营走弯路甚至失败。例如《人民日报》这样的媒体,或某些知名企业,它们本身的公信力就能够带来大量用户关注。而对于企业来说,公众号能否成功的关键,在于能否正确的运营,这就是本章节所要集中阐述的部分。

第一节 认识微信公众号

一、微信公众号是什么

微信公众号是一种应用账号,是广大开发者、个人以及商家企业通过在微信的公众平台上注册的用于跟自己特定的客户群体进行沟通交流的一个账号。

微信公众号拥有者在跟自己特定的客户群体进行沟通交流的时候可以采用多样的方式去沟通,具体的交流方式如图6-1所示。

这种交流方式更加生动、全面,极大程度上增加了个人、群体或是商家与用户之间的互动,从而得到更好的交流效果。因此,微信公众平台成为个人以及企业进行微信营销的一个重要平台。

---

① 引自《2018微信数据报告》,https://xw.qq.com/amphtml/20190109A0Q6MJ00.

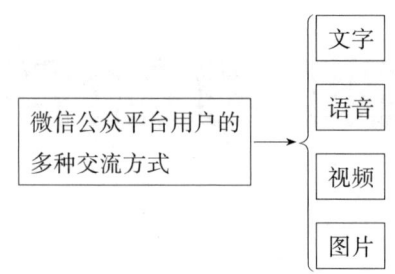

图 6-1　微信公众平台用户的多种交流方式

二、微信公众号的三种类型

在清楚什么是微信公众号之后,接下来需要对它的不同类型做一个了解。

微信公众平台给广大运营者提供了三种常见类型的公众号,如图 6-2 所示。每种公众号的功能和服务都会有一定的区别。下面将分别介绍这三种公众号。

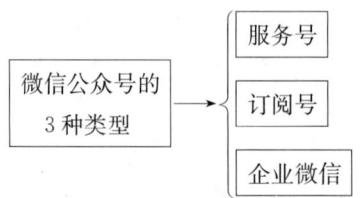

图 6-2　微信公众号的三种类型

(一)服务号

微信公众号中的服务号是各大组织或者企业用来给关注者提供服务的,它是以服务为主。微信服务号只能是组织或者企业才能够申请开通,个人是不允许开通的。如图 6-3 所示,是微信公众平台对服务号的相关介绍。

图 6-3　微信公众平台对服务号的相关介绍

服务号的认证与否,可以分为认证服务号、未认证服务号两种。如图 6-4 所示为两种微信服务号类型的功能。

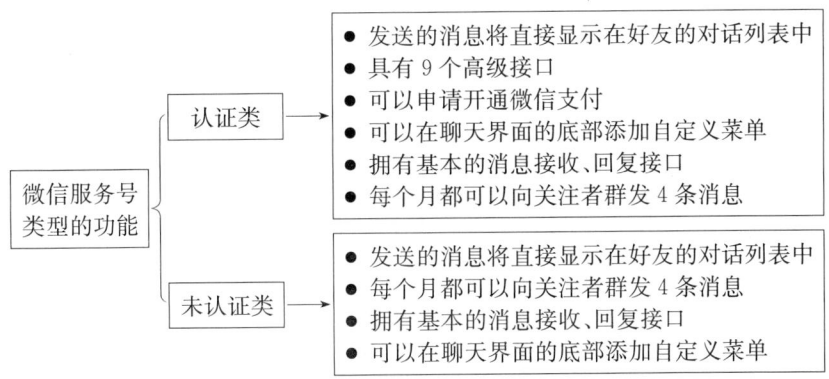

图6-4 微信服务号类型的功能

（二）订阅号

微信订阅号指的是媒体、个人向关注者提供消息的一种方式。用户只要关注某一个订阅号之后，每天都可以收到订阅号发送的消息。订阅号使得媒体、个人与订阅者之间能够更好地实现交互。如图6-5所示，是微信公众平台对订阅号的相关介绍。

图6-5 微信公众平台对订阅号的相关介绍

订阅号同服务号有相同的方面，如按照认证与否，也分为认证订阅号、未认证订阅号两种。但又有不同，具体来说：

（1）发送的消息将显示在"订阅号"文件夹中。
（2）每天都可以向关注者群发1条消息。
（3）拥有基本的消息接收、回复接口。
（4）可以在聊天界面的底部添加自定义菜单。

（三）企业微信

企业微信原先是微信企业号，现已全面升级。企业微信是用于政府、组织、企业等单位内容的一种公众号，它主要用于企业内部及企业上下游之间的管理，为企业的管理提供更便利、有效的管理方式。如图6-6所示，是微信公众平台对企业微信的相关介绍。

> **企业微信** 原企业号
>
> 企业微信继承企业号所有能力,同时为企业提供专业的通讯工具、丰富的办公应用与API,助力企业高效沟通与办公。

图6-6 微信公众平台对企业微信的相关介绍

企业号的应用范围非常广泛,它可以用于政府机构、公安、高等教育、酒店等领域。运营者可以建立专属于自己的生态系统,连接企业内部员工、合作伙伴及内部系统和应用,使企业号用户的业务及管理更具互联网化。企业号的功能非常齐全,它能够帮助用户实现基本的交流、沟通以及促使外界为企业号用户提供更多有用的服务。

微信运营者如何选择公众号的类型,可以参考以下建议:

(1)做好各方面的定位。商家在选择公众号时,要明确自身的目标,找准方向,同时还要清楚想要传递信息的对象是谁,这样才能确保自己选择的公众号是合适的。

(2)从基础开始。商家在选择公众号的时候,可以考虑从最简单的公众号类型开始,慢慢积累关注者。等所有功能都摸索透彻或者现有功能已经无法满足商家需求,再选择功能更多的公众号类型。

(3)发挥公众号的价值。不管是选择哪一种类型的公众号,都要做到将所选择公众号的最大价值发挥出来,以求给客户提供最佳的使用体验,用户体验做好了,才能让关注者长期跟随。

三、微信公众号的注册流程

新媒体运营者在选择好自己的公众号以及了解了给公众号取名的方法之后,就要准备注册微信公众号了。在注册公众号之前,需要准备一系列注册所需要的资料,下面将对其一一介绍。

(一)个人主体注册所需材料

新媒体运营者在注册个人主体微信公众平台时,需要准备好以下材料,如图6-7所示。

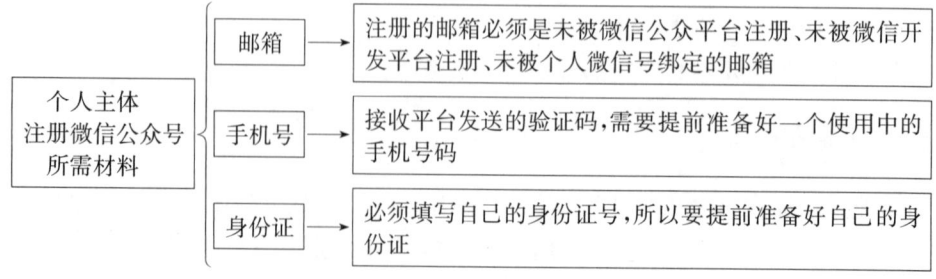

图6-7 个人主体注册微信公众号所需材料

(二)企业主体注册所需材料

新媒体运营者如果打算注册企业主体的微信公众号,其需要的邮箱、手机号、注册人身份证的资料与注册个人主体的微信公众号一样,不同之处就是多了营业执照这一项。新媒体运营者在注册的过程中需要输入企业的营业执照注册号或者社会信用代码号。

在此需要注意的是,新媒体运营者如果注册的是企业号下的企业主体,那么还需要准备营业执照扫描件或者是营业执照的数码照,并且照片大小不能超过5MB。

(三)公众号介绍的文字准备

新媒体运营者在申请微信公众号的过程中,需要写一段文字对自己的公众号进行功能介绍,因此,运营者还需要准备好公众号简介文字的相关资料。

撰写微信公众号的功能介绍,相当于运营者对自己的微信公众平台进行定位,能够让订阅者在看见公众平台时就清楚平台所要传递的内容,如图6-8为人民日报公众号的功能介绍:参与、沟通、记录时代。而图6-9则为微信派公众号的功能介绍。

图6-8 人民日报公众号的功能介绍

图6-9 微信派公众号的功能介绍

公众号介绍文字字数要控制在4—120字,因此运营者在准备的过程中就要注重文字的精简,但同时要突出公众号的特色。而且公众号介绍一个月能修改5次,所以运营者应该提前有所准备,避免到时候填写仓促。

(四)公众号头像图片的准备

微信公众号头像图片在一定程度上代表了公众号的形象,它能在第一时间给公众号订阅者留下视觉上的印象,吸引众读者、粉丝的眼球。

微信公众号的头像一旦确定,建议大家不到万不得已千万不要更换。因为现在大部分微信用户关注的公众号数量都非常多,可能订阅者好不容易通过公众号头像记住了微信公众号,一换头像,那么可能就会导致订阅者一时找不到你的公众号,从而将你的公众号遗忘。

因此，运营者为了确保自己设置的公众号头像图片能长久不换，就一定要提前考虑周详。这里给运营者提供一些选择建议，如图6-10所示。

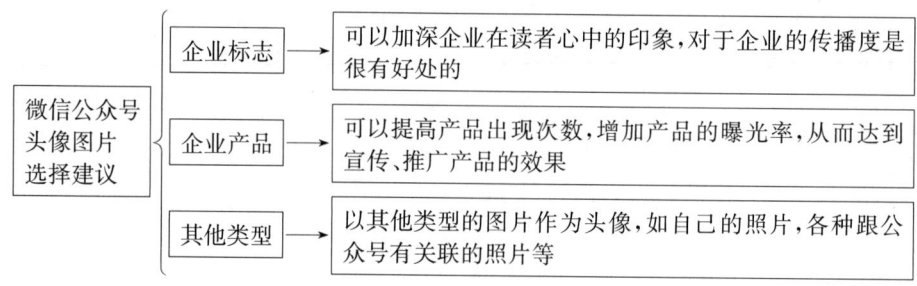

图6-10　微信公众号头像图片选择建议

（五）申请公众号的步骤

新媒体运营者在做好申请微信公众号相关的准备之后，就可以正式申请一个属于自己的公众号。下面介绍申请公众号的步骤。

步骤一：在电脑的浏览器中输入"微信公众平台"，进入微信公众号官网，然后单击右上角的"立即注册"按钮，进入微信公众平台注册过程中的"基本信息"页面，如图6-11所示。

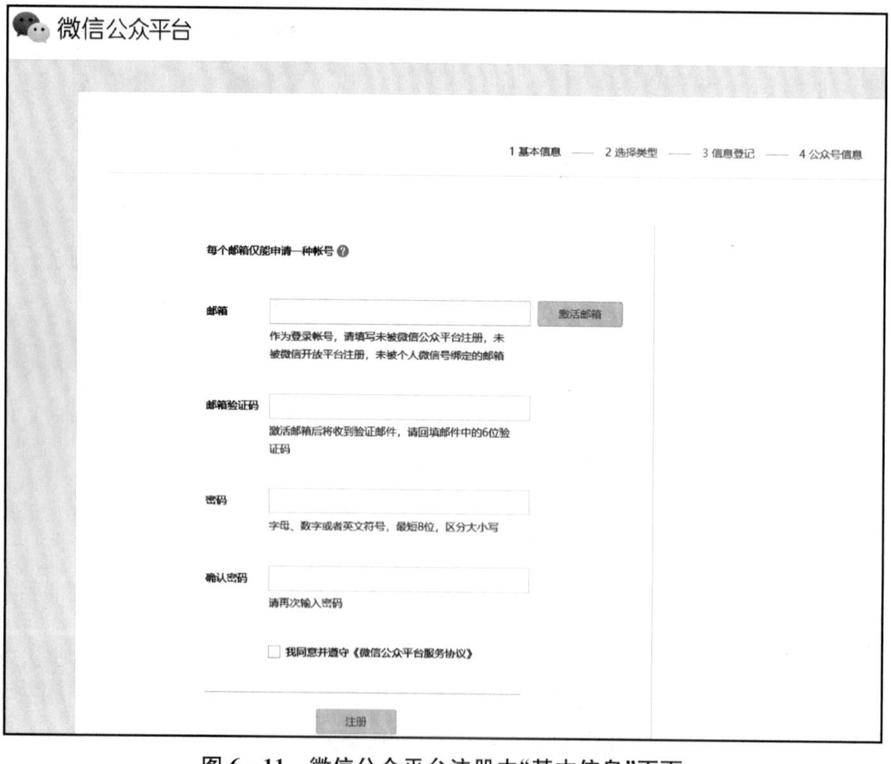

图6-11　微信公众平台注册中"基本信息"页面

步骤二:在"基本信息"页面,按照要求将信息都填好,然后勾选"我同意并遵守《微信公众平台服务协议》"复选框,单击"注册"按钮,进入"邮箱激活"页面,单击"登录邮箱"按钮。

步骤三:进入填写的邮箱,在收件箱找到相关邮件,打开单击微信公众平台链接激活账户,进入"选择类型"页面,如图6-12所示。

图6-12　进入"选择类型"页面

步骤四:以选择订阅号为例,单击"订阅号"页面中的"选择并继续"按钮或者订阅号选项中的任意一处,核对无误后单击"继续"按钮,即进入输入公众号信息页面,如图6-13所示。

图6-13　输入公众号信息页面

步骤五：执行上述操作后，即可进入"用户信息登记"页面，会有一个主体类型选择选项，根据自身的情况选择相应的主体类型即可。以注册订阅号下的"个人"主体微信公众号为例，单击"个人"按钮，打开"主体信息登记"页面和"运营者信息登记"页面，按照系统指引填写相关信息资料，如图6-14所示，然后单击"继续"按钮。

图6-14　完善公众号信息页面

步骤六：执行上述操作后，即可进入"公众号信息"页面，设置完基本信息之后，单击"完成"按钮，即可完成订阅号下的"个人"主体微信公众号注册。

申请"企业"主体的微信公众平台，运营者只要在用户登记信息页面上的"主体类型"处，单击"企业"按钮，打开相应的主体信息登记、运营者信息登记页面，运营者依据页面的提示，将需要填写的信息都如实填写好，再进行确认即可。

四、微信公众号的认证

开通了微信公众号之后，接下来要做的事情就是微信公众号认证。这一点千万不可忽略，运营者进行微信公共号认证是很有必要的，尤其是对于那些品牌企业，这种重要性更为突出。如果决定运行微信公众号营销，那么最好尽快完成公众号的认证。

进行微信公众号认证有以下一些好处：
（1）让自己的公众号更具公信度，提高公众号的权威性。
（2）对用户在进行信息搜索等方面有积极的帮助，让自己的公众号更靠前。
（3）认证后可获得更多的功能，为平台订阅者提供更优质的服务。
下面向大家介绍微信公众号认证的相关事项。

1. 认证申请方法

微信公众账号微信认证，可以通过以下两种方法申请，根据页面提示操作。

方法一：进入微信公众平台（mp.weixin.qq.com）→设置→微信认证→开通，如图 6-15 所示。

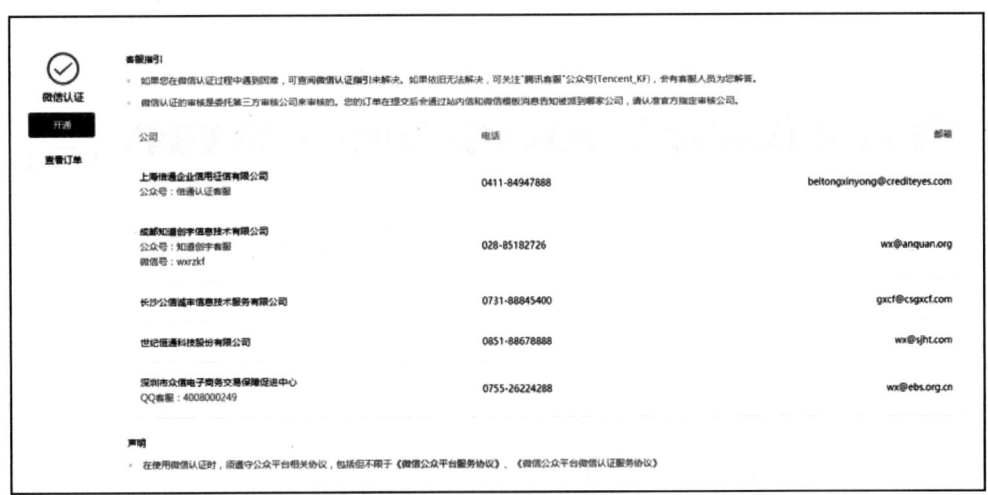

图 6-15　申请微信认证方法一

方法二：进入微信公众平台（mp.weixin.qq.com）→设置→公众号设置→账号详情→申请微信认证，如图 6-16 所示。

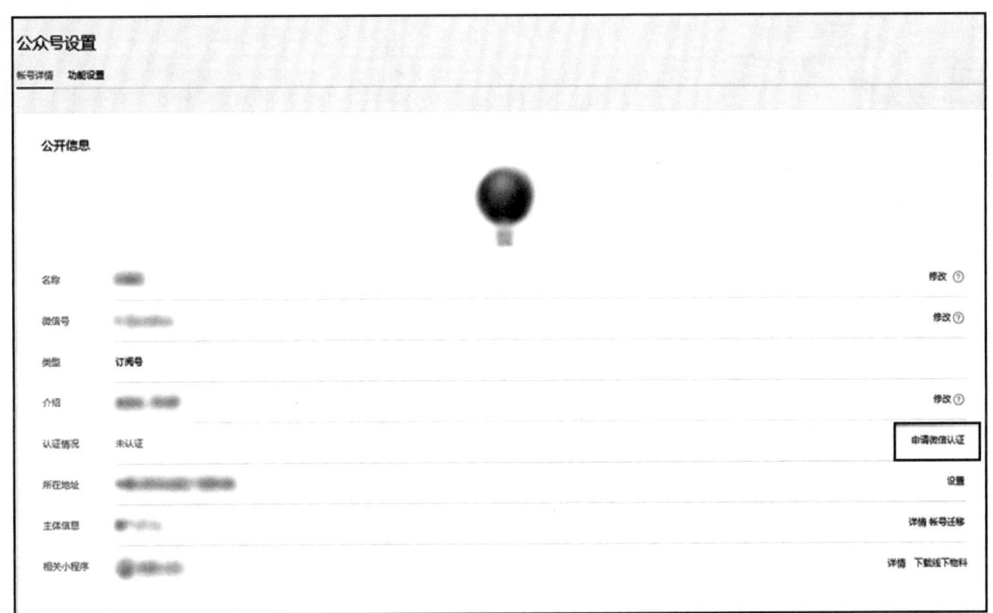

图 6-16　申请微信认证方法二

微信认证操作步骤：

(1) 同意协议：同意并遵守《微信公众平台认证服务协议》。

(2) 填写资料：选择企业/网店商家/媒体/政府及事业单位/其他组织类型，填写相关资料。

（3）同意命名规则：如果你申请的认证账号名称不符合以上规则，会有审核人员与你沟通修改，需完成符合规则后才能通过认证审核。

（4）填写发票：需要开具发票时填写相关信息，不需要发票请选择"不开具发票"可以直接点击保存订单并下一步。

（5）支付费用：使用微信扫一扫二维码完成支付。

最后提到的支付费用是指微信公众平台申请微信认证，需一次性支付300元/次审核服务费用。认证无论成功或失败，都需要支付。若认证审核失败，审核费用不予退还，通知中心会提示补填资料的最后提交期限，在此期限内需要及时补填资料。

2. 微信认证后的特权

微信认证是微信公众平台为了确保公众账号信息的真实性、安全性，目前提供给微信公众号进行微信认证的服务。

（1）微信认证后，获得更丰富的高级接口，向用户提供更有价值的个性化服务。

（2）微信认证后，用户将在微信中看到微信认证特有的标识。

点击账号主体可查看认证详情，如图6-17所示。

图6-17 账号主体认证详情

微信认证成功后，公众账号资料"认证详情"中会展示认证资料以及微信认证特有的标识，暂不支持取消，具体的特权如表6-1所示。

表 6-1 微信认证后的特权

账号类型	微信认证费用	微信认证后特权
订阅号	政府及部分组织（基金会、国外政府机构驻华代表处）免收认证费用；其他类型认证需要缴纳300元/次。 期限：1年	1. 自定义菜单（可设置跳转外部链接，设置纯文本消息） 2. 可使用部分开发接口 3. 可以申请广告主功能 4. 可以申请卡券功能 5. 可以申请多客服功能 6. 公众号头像及详细资料会显示加"V"标识
服务号		1. 全部高级开发接口 2. 可申请开通微信支付功能 3. 可申请开通微信小店 4. 可以申请广告主功能 5. 可以申请卡券功能 6. 可以申请多客服功能 7. 公众号头像及详细资料会显示加"V"标识

温馨提示：
1. 个人类型公众号暂时不支持微信认证。（除2014年8月24日前注册成功且条件满足的公众号可以认证）
2. 政府与媒体类订阅号认证后可申请微信支付。
3. 申请微信认证，填写的认证主体与当前公众号主体信息保持一致，否则可能无法通过审核。

第二节 微信公众号文章编辑

拥有几亿月活跃用户的微信，早已成为国内企业、媒体和自媒体信息传播的重点社交渠道之一。但是，不同的用户每天阅读的文章数存在很大差异，据有关数据表明，23%的用户平均每天只阅读1篇文章，但也有20%的用户每天阅读6—10篇文章。什么样的微信公众号文章最受大众欢迎？情感、养生和政法新闻阅读人数和分享人数是最多的。尤其是情感资讯和养生内容，远超过其他类内容，用户既爱阅读也爱分享。

所以在开始运营微信平台之前，先通过总结分析以往案例，并得出以下三点结论。

一是已有大量用户的微信公众号同样面临运营压力。不能完全依赖用户从订阅号里找内容阅读，要生产更多用户愿意分享和转发的优质内容。

二是用户阅读量呈现两极分化趋势，意味着文章分享的马太效应。设想一个场景，如果一篇文章在朋友圈里被转发次数多，对于那些阅读量较少的用户，他们可能会更倾向于阅读这篇大家都在转发的文章，从而助长文章阅读数的指数级递增。

三是吸引用户订阅一个账号的难度越来越大。当用户发现自己很少从订阅号里找内容阅读时,他们订阅的动力也会减弱,因为朋友圈里好友转发的内容就是主要的信息来源。

由此可见,好的内容在未来的微信公众号平台上将变得越来越重要。文章主题积极,让读者读完后感到兴奋,实用且容易记住的内容,以及有价值的故事,还是有很多读者追捧的。

一、微信软文写作

现阶段做新媒体运营,企业力图打造"参与感",想做"粉丝经济",但是大部分企业却陷入了泥潭——投入巨大,收效甚微。那么,什么样的微信文章才能吸引读者,微信软文如何写作?在这里,笔者同样总结了以下5点要素。

1. 切入点,要紧跟热点

在这样一个浮躁的时代,大家的注意力都高度聚焦,基本都在热点事件上,特别是与经济、民生、娱乐圈相关的热点上。所以紧跟热点往往是最能吸引读者眼球的,而紧跟热点最大的技术要点就是一个字:快。现在一个热点话题的生命力只有一两天,稍微慢点,偷个懒,热度就过了。

2. 标题要引发好奇心

在朋友圈,大家留给一个文章标题的时间最多只有两秒。这意味着你必须在两秒钟之内,成功引起他们的兴趣,从而愿意点开文章进行阅读。在信息爆炸的时代,想要在海量的信息中"突出重围",最好的方法就是激起读者的好奇心。

3. 引起读者情感共鸣

为什么很多人会说:"道理我都懂,但是……"这是因为道理不够正确吗?不,这是因为虽然你的道理对,但却没能真正说服他。所以,好的文章,要体察到人性的痛点,让大众产生情感共鸣。那些卖座的电影、久经传唱的歌曲、打动人心的故事,它们的特点是什么?无非是体察到了别人所没能表现出来的情感,或是对大众心理有更新颖而细腻的诠释。偶尔也要尝试换位思考,如果你是读者,你会被什么内容感动?

4. 输出价值观

许多的"鸡汤文"在朋友圈流传甚广,被转发无数。在这个压力山大的时代,人们有太多理由需要喝一碗鸡汤,去面对现实,重新出发。因此,一些励志的、鼓舞人心的观点也是十分必要的。当然,如果大家都发鸡汤,那么你的鸡汤就得要么更有营养,要么口味更丰富特别。

5. 对读者有用

对读者有用的文章分为两类:一类是对读者生活、工作有用的文章,如:技巧知识类、健康生活类、成功励志类、职场宝典类、金融理财类等类型文章;另一类是能帮助读者表达自己观点的文章。

掌握微信软文写作要点,助你在朋友圈的海量信息中"突出重围"。下面说一下写作技巧。

1. 核心扩展法

核心扩展法即先将核心产品单独列出来,再从产品的销售方法、产品特点、产品效果等方面对核心内容进行扩展,这样软文就不会显得杂乱无章,始终都是围绕着一个中心在表述,这样的文章对读者的引导力会更强。

2. 各个击破法

各个击破法也是最常见的方法,即从产品的每个特点分别单独介绍,配合图片,突出产品功效,虽然这种微信软文写作方式老套,但是可以将产品的卖点介绍清楚,总有一个卖点能够吸引到用户。

3. 倒三角写法

微信营销软文一般篇幅较长,现在很多人没有耐心读完全文,所以在编写软文的时候尽量将重点浓缩在第一段,先将读者的胃口吊起来,再继续解释为什么要看这篇文章,最后再强调产品的优势,为客户产生购买欲再推一把力。

除了掌握以上的写作手法之外,还要注意避免一些写作误区。在这里,也给大家列举以下几点需要注意的:

1. 内容没有规划,随意乱发

不管你卖什么,营销必须有计划,而很多微商在朋友圈乱发,没有定性。发布的时间需要根据目标受众的时间来定,虽然我们讲求营销要融入生活,但也不能太随意。

2. 内容没有定性

根据你的产品、用户群来定位你的个人微信号,打造自己微信号的风格。根据产品和目标受众来制定一些有趣的内容,让人觉得你是有趣的,有欣赏感、喜欢感。通过内容喜欢上你,然后喜欢上你的产品,这才是个正确的逻辑。

3. 无法掌握内容的软硬

一个产品可以开发出很多有趣的内容,大家乐于接受,又起到了传播效果,不要一提到发产品信息就立刻想到硬邦邦的广告植入。植入也是有技巧的,可以表现得很自然、很有趣或者很有感染力。建议大家看看广告学,软文的最高境界是将产品变成情节的一个标志。

4. 只追求内容的长短,不追求内容的传播性和阅读性

微信公众平台的传播形式决定了其内容的阅读方式,很少有人认真地读长篇文章,除非内容非常吸引人,如果内容真的很长,又没办法删除,可以一分为二去发布,要不然就给每一段增加一个吸引人的小标题,因为除了大标题吸引人之外,小标题的作用也很大。而很多阅读者的习惯是先看大标题,再看小标题,觉得哪个小标题吸引自己才去看哪个内容。

5. 不限制内容发布次数,连续发布

好内容完全可以存起来,变成自己的,善于利用收藏夹,当你没有什么内容可发

时再转发。每天发布内容的数量应该控制在 5 条以内（现阶段微信订阅号允许一天发一次，最多含 8 条内容）。与受众保持一种长期的蜜月期，而不是很快到达"七年之痒"，所以还是需要控制一下发布次数。

6. 内容编辑粗糙

对于做公众号的人来说，内容编辑是个很重要的工作。很多人除了看标题之外，就是看图片，所以建议大家能将内容用图片分开，多使用一些和内容搭配，或者互相衬托的图片，一定会给内容增色不少。编辑的时候插图必须要有规律。

二、微信软文排版

正文标题越简洁，越能快速被用户解读，并转化为文章的阅读量。因为订阅号是被折叠起来的，折叠后能显示的文字非常有限，如果公众号名字还很长，就很可能在订阅号折叠页没办法直接显示文章想要表达的意思。

微信文章标题字数要尽量控制在约 13 个字以内。标题会在封面图片上方带黑色遮罩，超出 13 字换行会不同程度地遮挡封面图。同时，过长的标题会加大读者对标题的理解难度。

一篇优秀的文章配图一定也很精彩，因为它会提升文章的吸引力与魅力。微信中的图片一般包括头图封面、小图封面和正文中的配图。好的封面图可以有效引起读者的阅读欲望，并转化为内容阅读，同时也能体现出作者的审美品位。在挑选封面图的时候也有尺寸、内容等要求，可以添加有特色的元素让自己的封面别具一格。文章中的图片在挑选时要尽量选择与文章内容相近的图片。在挑选这些图片时也要注意图片内容、色彩冷暖的一致性。正文图片一定要与文章封面图相呼应。

文章正文的字号最好在 14—18px 之间，以 16px 最为合适。如果文章篇幅较长，字体可以稍大一些。比较偏"文艺范"的文章，字体可以适当稍小，这样显得文章更精致一些。

除此之外，还有一些具体的排版注意事项：

第一，行首不要空两个字。专业术语叫"首行缩进"，这个在显示字数有限的手机屏上可以省略了。

第二，段与段之间要再空一行。眼球的天性就是不断扫描内容，如果没有看到空行或者分隔符这样明显的间隔，它就会自主往下扫读，如果下面有空行，它就会减缓速度，因为它知道那里是视觉上的标记，下一次可以从那里继续阅读，而不用继续不断地向下扫读。所以，为了读者的眼球，段落间请空行。

第三，每段文字内容尽量控制在 140 个汉字。这是有科学依据的：人脑每次处理的信息有限，最多 140 个英文字符，新浪微博也是这样限制微博文字字数的。

第四，复制来的内容要清除自带样式再用。从 Word 或网页上复制来的内容都自带大小、粗细、颜色、字体等样式，这些格式很可能不适合手机，与微信里自己敲入的文字格式也格格不入。解决办法一,打开记事本,把内容粘贴进去,等再次复制出来的时候,一切原始的格式都会消失;解决办法二,使用微信编辑框的清除格式按钮。

第五,注意图片的尺寸。

微信后台提供的排版功能有限,此时我们就可以借助第三方平台,下文中将做具体介绍。

三、合理使用微信第三方服务商

腾讯董事会主席兼CEO马化腾曾多次公开表示,在微信这样的平台型产品上,腾讯希望搭建起简单的规则体系,然后引入第三方合作商来参与,在2014中国互联网创业者大会上,腾讯云平台部总经理陈磊也表示,微信第三方服务市场的需求是很大的,如果没有微信第三方,那么微信的发展不会这么快。而且在功能接口上,微信正在向第三方开放越来越多的服务接口。不难看出,腾讯正以友好的态度与第三方服务商相互配合,与合作伙伴共同打造安全、健康、有序的微信服务市场。

(一)微信第三方服务商

微信第三方服务商到底是什么?通常是指基于微信、微信公众平台为企业或个人提供服务的平台与公司,如微信第三方开发公司、微信第三方运营公司、微信营销培训公司和微信推广公司等。通过第三方开发平台,可以让微信账号实现更加丰富的营销功能,如微菜单、微官网、微会员、微活动、微商城、微统计等。想要做好微信推广和营销,这些功能或能助你一臂之力。下面介绍几个主流的第三方服务商。

1. 点点客

点点客(http://www.dodoca.com/)成立于2007年,是上海市首批5家新三板上市公司之一,被誉为"移动互联网第一股",其主界面如图6-18所示。目前点点客

图6-18 点点客主界面

在移动互联网产业链上布局了4个方向:移动O2O、移动电商、移动广告和移动金融。在移动O2O领域,点点客拥有近30套行业版成熟的解决方案,全面覆盖各个商业领域的移动社交营销需求;在移动电商领域,点点客人人店分销平台是微信分销领域第一品牌,可帮助商家快速建立分销渠道,实现全网营销;在移动广告领域,点点客整合朋友圈广告、移动DSP广告等众多平台,打造国内最大的移动广告服务商;据悉,未来点点客也将逐渐布局移动金融业务。

2. 微盟

微盟(http://www.weimob.com/)成立于2013年4月,2015年11月对外宣布已完成C轮融资,融资金额为5亿元人民币,由海航集团领投,融资完成后,微盟估值超过20亿元人民币。它是一家基于微信为企业提供开发、运营、培训、推广一体化解决方案,帮助企业实现线上线下互通(O2O,即Online To Offline,指线上到线下运营模式)、社会化客户关系管理(SCRM)、移动电商、轻应用(lightapp)WMAPP等多个层面的业务开发公司,其主界面如图6-19所示。微盟旺铺、社会化分销平台(SDP)为零售行业提供全渠道的电商解决方案,帮助企业搭建新一代微商分销体系,实现线上线下互通和客户沉淀。

图6-19 微盟主界面

3. 小猪cms

小猪cms(http://www.pigcms.com/)是中国最早的微信营销CMS系统,其成立以来一直致力于微信营销系统的开发,其主界面如图6-20所示。2014年3月,因客户量众多,腾讯云与小猪cms达成协议,成为腾讯云重点合作商。旗下的产品有微信营销系统、微电商系统和O2O系统。其中,微信营销系统内置100多项应用,涵盖近30个行业的垂直领域应用;微电商系统包含分销系统、多门店O2O电商系统和批发代理商城;O2O系统包含O2O生活通、社区O2O、卡券O2O、外送系统、上门预约O2O和线下智能设备。

图 6-20 微盟主界面

4. 微俱聚

微俱聚(http://www.weijuju.com/)是一个专门针对微信公众号提供营销推广服务的第三方平台,其主要功能是针对微信商家公众号提供与众不同的、有针对性的营销推广服务。通过微俱聚平台,用户可以实现互动推广、客户关系管理、移动电商分销、数据分析、运营服务及行业定制方案。用户可以在微俱聚平台上管理自己的微信各类信息,对微信公众号进行维护,开展智能机器人、在线发放优惠券、抽奖、刮奖、派发会员卡、打造微官网、开启微团购等多种活动,对微信营销实现有效监控,极大地扩展潜在客户群和实现企业的运营目标。微俱聚平台很好地弥补了微信公众平台本身功能不足、针对性不强、交互不便利等问题,为商家公众号提供贴心的功能和服务。在线优惠券、转盘抽奖、微信会员卡等推广服务更是让微信成为商家推广的利器。其主界面如图 6-21 所示。

图 6-21 微盟主界面

5. 柳叶网

柳叶网(http://www.iliuye.com/)是一个专为自媒体人打造的具有强大的内容管理和发布功能的自媒体强化平台,其主界面如图6-22所示。柳叶网的愿景就是服务好自媒体人,帮助自媒体人营造好自己的社交平台。重要的是这个平台也是全免费的!柳叶网的特色功能有强大的文章管理,支持文章一键导入、一键分享、批量管理、多种相关链接、专用素材库、多层级智能检索;便捷的建站体验,独创的微网站控制面板、最直观的栏目和组件管理、自定义域名、手机登录管理微网站、企业一键智能建站。另外,柳叶网不仅所有功能全免费,更为所有用户提供了接广告赚钱的模式。

图6-22 柳叶网主界面

除了上面提到的企业第三方服务商,校园的第三方开发平台也在不断涌现。由于校园里有着海量的用户资源,从微博的兴起到微信的爆发,这些社交应用没有一个忽视校园的力量。因此,在第三方开发平台中,腾讯官方就推出了腾讯微校,试图与最大的校园第三方平台"掌上大学"相抗衡。

6. 掌上大学

掌上大学(http://www.wxhand.com/)专注中国高校微信平台,其创始团队来自温州大学的90后创业团队,项目荣获2014年全国大学生挑战杯国赛金奖,同年获得百万级天使投资,2015年获得青松资本千万级Pre-A轮投资。掌上大学是中国首家校园第三方公众平台,目前占领70%的市场份额,是市场上最大的微信第三方,覆盖2919所高校、9万个微信平台和2859万多的大学生用户。其主要功能有课表查询、活动投票、失物招领、校园二手、校园兼职、校园外卖等。而且它也是可以免费使用的平台。其主界面如图6-23所示。

图 6-23　掌大微信主界面

7. 腾讯微校

腾讯微校(http://weixiao.qq.com/)以官方的身份声称要做最懂校园的公众号服务平台,而且终身免费,并且为高校运营人员组织交流分享和资源共享的线下沙龙。如果运营者还是一名在校的新媒体爱好者,则强烈推荐熟悉一下这款平台。在功能上也提供了查询成绩、建立微网站、校园卡开通、提供小机器人和校园大型晚会的微上墙等丰富的校园应用。其主界面如图 6-24 所示。

图 6-24　腾讯微校主界面

8. 萌小助高校微信服务平台

萌小助(http://www.mengxiaozhu.cn)于 2014 年 12 月获得天使投资并建立。2018 年 8 月已有 3 561 所高校接入使用,4 815 万名高校学生从中受益。萌小助专注利用高校微信服务帮助大学生自由创业,抛弃老梗、颠覆传统,成为大学生创业操场！课表、成绩、图书、自习一键开发、查水表、吐槽/评教、匿名/许愿,还有更多定制服务。其主界面如图 6-25 所示。

图 6-25 萌小助高校微信服务平台主界面

（二）绑定微信第三方平台的方法（以微盟）为例

记得在较早的时候，想要接入第三方平台是需要执行很多操作的，在注册第三方平台的账号之后需要填写很多资料，想要使用第三方的功能，最重要的一步就是绑定微信公众平台的 URL 和 Token 值，非常烦琐。现在使用管理员微信只需三步，你就可以很方便地绑定一个第三方服务平台。

1. 注册第三方平台账号并登录。

2. 先点击"返回老后台"，进入"我的微盟"公众号管理平台，点击"授权绑定"按钮进入微信公众平台的授权页，如图 6-26 所示。

图 6-26 点击"授权绑定"按钮

3. 用微信公众号管理员的微信扫描二维码后选择账号进行授权,如图 6-27 所示。

图 6-27　点击"授权绑定"按钮

4. 选择授权账号投权成功后,微信页面会自动刷新,这样就完成了绑定。

第三节　微信吸粉引流方法

微信运营有什么意义?有人说,微信是一座大金矿,因为使用者多半是白领人士,他们是最具消费能力的消费群体;有人说,微信是销售利器,每一个粉丝都是有重大意义的,因为人们不会随随便便地关注你,所以商家与粉丝之间的关系是"强联系",转化率特别高;有人说,微信是营销神器,因为有了微信,商家可以进行精准化营销,与消费者建立亲密、平等、交互的关系;有人说,微信是实体优惠卡终结者,微信的出现让商家与消费者的联系更紧密,实现了 O2O 闭环,商家可以挖掘出诸多商业价值。

微信已经突破了 3 亿用户,成为舆论的掌上明珠,微信的开发者成为移动互联网的产品之王,搞营销不做微信,你就 out 了。

微信之"附近的人":微信中最有价值的或许就是这种基于 LBS 的社交元素的服务功能。LBS 精准定位作用对于某些行业在投放促销信息时会很方便。

微信之"朋友圈":朋友圈是一个类似朋友网的应用,与朋友之间的关系更强,其营销方式和"附近的人"不尽相同。朋友圈营销需要多加一些人,多发送一些最新动态,做好图片营销。从这个意义上来说,朋友圈的使用面更加广泛,但前提是你有用户基数,而且内容足够优秀。用户基数可以和其他营销方式联合起来。

微信之"摇一摇和漂流瓶":摇一摇和漂流瓶都属于交友类的功能,需要注意的是把信息设置得更加合理。当然如果你是一个商家，而且要使用这种方式引流，就不要把商业信息写得太露骨。

微信之"扫一扫和公众平台"：主要是借助于二维码在传播。有人说，PC 的入口是搜索引擎，移动互联网的入口是 App，也有人说移动互联网的入口是二维码。能将二维码和 App 相提并论，可见其重要性。

当下随着微信公众号阅读量的下降，涨一个粉丝就变得非常困难，所以在如何吸粉引流方面可以从以下几个方面入手。

一、个人微信粉丝引流

先说一下利用个人微信号引流的几个好处。灵活度高，能够随时随地随心地了解每一个粉丝，掌握他们的动态，进一步了解到粉丝属性/调性。对于每个粉丝的意见反馈可以及时回复并给予奖励，培育出粉丝的忠诚度，如此一来，你分享到朋友圈的内容，粉丝才会乐于去看、去分享，从内心认可你这个"朋友"。

个人微信号可以实现一对一互动，具有强大的客服能力，虽说公众号也提供了客服接口，甚至有了客服 PC 客户端，移动端也有专门的"多客服"管理助手，但是比起个人微信的打开频次整体弱了很多，直接利用个人微信便于与粉丝进行互动、答疑，处理消息更加迅速而且能够省掉很多中间环节。

公众号栏目里也提供了一系列粉丝管理功能，但是对比使用场景来看，公众号后台的粉丝管理功能仅仅在于 PC 端好用一些。利用个人微信号可以对粉丝进行分类管理，通过清晰的分类可以策划一系列的营销活动，甚至可以在好友里面在挑选出一些经常互动的好友让他成为管理员，此管理员的作用在于可以一起出谋划策，搞一些激发粉丝活跃性的营销活动。

一般通过个人微信号实施引流主要有以下几种方式。

一是建立微信群。通过建立微信群，聚集一批用户，以公众号每天推文为话题核心，引导成员进行分享。如一些本地公众号还可以通过奖励的方式鼓励成员爆料，这样多了一份素材也多了一份成员的参与感，使成员更有积极分享的乐趣。微信群还有一个目的，即通过聊天了解大家对于每天推文的看法，可以采纳并奖励好的意见。为了提高群活跃度，还可以在过节等重要时间节点发群红包问候，甚至可以与成员展开一系列群游戏，鼓励成员每天群签到（比如签到达到了一定数量可以发个群红包）等趣味活动。

二是一对一营销。每一个加你为好友的基本上都可以称之为粉丝，愿意加你为好友肯定是在这个粉丝心里做过一番简短的思考的，大部分人在加陌生人之前都会有所顾虑，这是微信更私密的属性所在。因此可以定期对微信里的好友进行问候，还可以对好友进行分类标注：经常聊的、回复快的、经常不理睬的，分类处理后进行一系列"好友激活"措施，让他们对你产生亲近感，把你当作真正意义上的好友。

三是朋友圈引流。这里的朋友圈引流有两个点，一是自己将每天的推文转发朋友圈,二是鼓励微信好友转发。当与微信好友打成一片之后,你发的朋友圈可以作为发散源被其他好友转发,这样处于"真心喜欢"的转发获取的流量更高,因为他们能够在转发时主动抒发自己的感想,让他的朋友也看到。

二、App 精准引流

这里主要指的是精准城市引流,要实现这一目的需要要下载相关的软件,比如比邻,完善自己的资料。在比邻里面,发有一个很好的作用,就是只要你一上线,那么你的资料就会显示在"最近上线"里面,时间距离越短排名越靠前。在这里面玩的大部分人都有个习惯,没事就会刷新看看刚上线的人,这样做其实和微信摇一摇一样,不同的是,能够撇开微信摇一摇的距离短板,可以直接在全国找朋友。同样,企业可以通过这种软性植入的方式,将自己想要推广的产品植入进来。

三、SEO 引流

SEO(Search Engine Optimization):汉译为搜索引擎优化。是一种方式:利用搜索引擎的规则提高网站在有关搜索引擎内的自然排名。[1] 把微信二维码整合到图片上,再用 SEO 的手段把图片排到百度图片的搜索页面里去。那么,如何将带二维码的图片排到百度图片搜索结果的首页去,以下给大家介绍 3 种方法。

方法 1:把你做的图片上传到你的百度相册里面去,然后用要推广的关键词命名该图片,在打标签的时候也用相关的关键词即可,因为百度在抓取搜索结果的时候,自己的产品都是第一选择。

方法 2:在二维码下方写上"看更多图片请扫描",然后去申请加入各个 QQ 群,到 QQ 群里面去发布该图片。

方法 3:如果是做女性产品淘宝店的,把加二维码的图片拿到小红书、美丽说、蘑菇街,或者其他女性论坛里面去发。

这里面需要懂 SEO 技巧的步骤是选择关键词,需要注意的是,关键词的选择越精准越好。

四、其他引流

除了上述三种引流方法之外,还可以把 QQ、微博、实体店或者其他渠道的客户引流到微信参与活动,比如关注微信免费抽大奖、购物折上折等一系列优惠活动。具体来说表现在以下几个方面。

(一) 微赞助引流

第一种微活动类似众筹。比如,企业当前要做一个项目,或者卖一个产品,为了更

---

[1] 张莉,等.内容为王:互联网运营之内容运营[M].电子工业出版社,2016:93.

好更快地招到分销商,就可以通过众筹的手段。当然要注意技巧,不要引起反感。第二种微活动适合面比较广泛,比如男神、女神选秀活动,都可以取得不错的成绩和效果。

(二)二维码引流

用户可以通过扫描识别二维码身份来添加朋友、关注企业账号。商家可以设定自己品牌的二维码,用折扣和优惠来吸引用户关注,开拓O2O的营销模式。

(三)位置签名引流

微信也结合了LBS功能(基于位置的服务),在微信的"朋友们"选项卡中,有个"查看附近的人"插件,用户可以查找自己所在地理位置附近的微信用户。系统除了显示附近用户的姓名等基本信息外,还会显示用户签名档的内容。商家也可以利用这个免费的广告位为自己做宣传、打广告。

(四)利用微信开放平台

运营者可通过微信开放接口接入第三方应用,还可以将应用的LOGO放入微信附件栏中,让微信用户方便地在会话中调用第三方应用进行内容选择与分享。但运营者也需要注意这些推广手段要符合微信公众平台的运营规范。

第四节 微信公众平台运营规范

在微信公众平台首页的底栏区域有一个"运营中心"链接(见图6-28),里面包含了运营规范的详细内容,建议所有小编仔细阅读一下,这是每位小编的操作手册,也是微信官方的一条警戒线。研读之后你就会知道微信不可触碰的红线禁忌有哪些,什么样的行为是万万碰不得的。尤其是一些企业、政府、媒体类型的大号,小编要尤其慎重,如果触犯了运营规范导致被处罚甚至被封号,损失将会是无法挽回的。

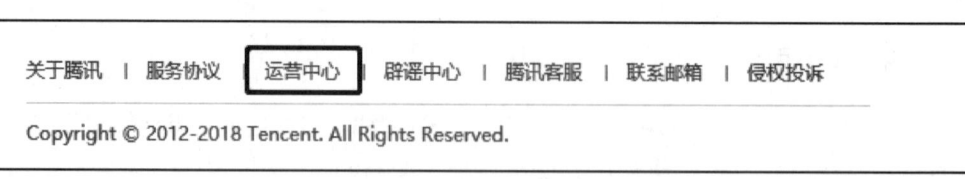

图6-28 微信公众平台底栏的"运营中心"

一、微信公众账号行为规范

下面摘录微信公众平台运营规范中经常被提及的条款,而作为微信公众平台的运营者更是需要注意。

（一）使用外挂行为

未经腾讯书面许可禁止使用插件、外挂或其他第三方工具、服务接入本服务和相关系统。

图 6-29　第三方工具登录页面

（二）刷粉及互推行为

未经腾讯书面许可利用其他公众号、微信账号和任何功能或第三方运营平台进行推广或互相推广的，包括但不限于：僵尸粉刷粉、公众账号互相推广、普通微信账号通过微信普通消息、附近的人打招呼、漂流瓶、摇一摇等任何形式推广公众账号，以及利用第三方平台进行互推等。

本规范所指"推广形式"，包括但不限于：通过链接、头像、二维码、纯文字等各种形式完成的推广行为。

制作、发布与以上行为相关的方法、工具，或对此类方法、工具进行运营或传播，无论这些行为是否出于商业目的，使用者账号都将被处理。

违规示例如图 6-30，左图文章通过"阅读原文"引至右边引导关注页面。

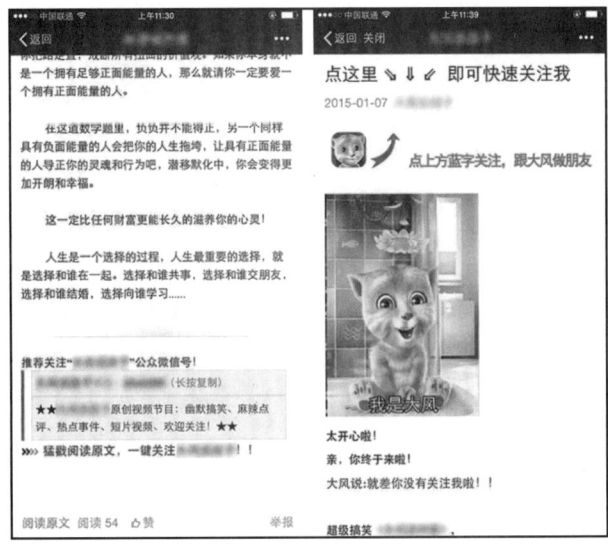

图 6-30　互推的违规示例

（三）诱导行为

诱导分享：通过外链或公众号消息等方式，强制或诱导用户将消息分享至朋友圈的行为。奖励的方式包括但不限于：实物奖品、虚拟奖品（积分、信息）等。

诱导关注：通过外链、公众号群发或二维码等方式，以奖励或其他方式，强制或诱导用户关注公众号的行为。奖励的方式包括但不限于：实物奖品、虚拟奖品（积分、信息）等。

包括以下类型：

（1）强制用户分享：分享后才能继续下一步操作。包括但不限于：分享后方可预订，分享后方可知道答案等。

（2）利诱用户分享：分享后对用户有奖励。包括但不限于：邀请好友拆礼盒，集赞，分享可增加一次抽奖机会等。

（3）胁迫、煽动用户分享：用夸张言语来胁迫、引诱用户分享。包括但不限于："不转不是中国人""请好心人转发一下""转发后一生平安""转疯了""必转"等。

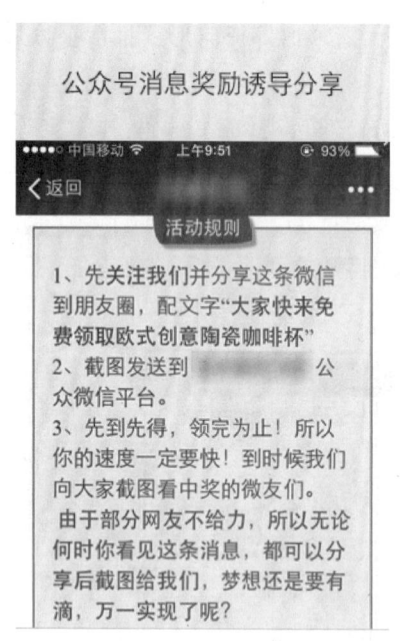

图6-31　公众号消息奖励诱导分享

图6-32　外链强制诱导分享

图 6-33 外链诱导关注
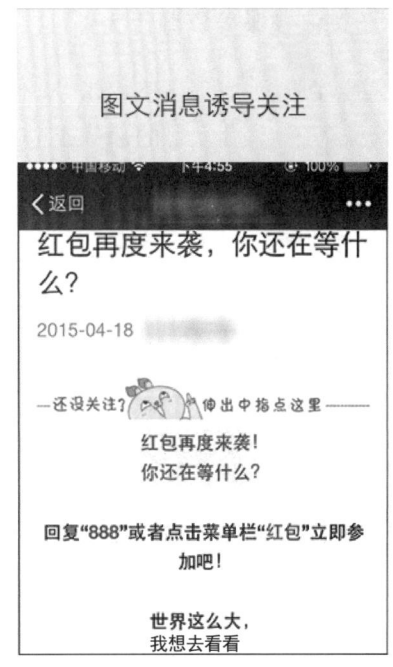
图 6-34 图文消息诱导关注

（四）恶意篡改功能行为

对公众平台的功能、交互页面或文案等内容进行篡改，影响公众平台的原本功能、用途或意义。例如，在原本显示作者名称（即微信公众账号名称）的位置篡改文字显示，如图 6-35。

图 6-35 恶意篡改功能行为

（五）浪费账号资源行为

完成注册后，应正当使用账号，不得浪费账号资源，若存在包括但不限于连续90日未登录等情形，公众号的部分或全部功能，均可能被终止使用。终止使用后，账号名称等相关限制将被解除或释放，注册所使用的邮箱、身份证、微信号等信息也将被取消注册状态。

（六）滥用原创声明功能

1. 文章滥用原创声明

如下情形不得对文章进行原创声明，一经发现将永久收回原创声明功能使用权限，导致严重影响的还将对违规公众账号予以一定期限内封号处理。未取得合法授权发布的文章：

（1）文章主要篇幅为诸如"法律、法规，国家机关的决议、决定、命令和其他具有立法、行政、司法性质的文件、时事新闻、历法、通用数表、通用表格和公式"等的公共内容；

（2）大篇幅引用他人内容或文章主要内容为他人作品，如书摘、文摘、报摘等；

（3）营销性质的内容；

（4）整合的内容；

（5）对非独家代理的文章声明原创等；

（6）色情低俗内容、暴力内容、不实信息等内容；

（7）违反法律法规、政策及公序良俗、社会公德，违反《微信公众平台服务协议》《微信公众平台运营规范》，或干扰微信公众平台正常运营和侵犯其他用户或第三方合法权益内容的信息。

2. 图片滥用原创声明

含有如下情形之一的，不得对图片进行原创声明，一经发现将永久收回原创图片声明功能的使用权限，产生严重影响的，还将对违规微信公众号予以包括但不限于一定期限内封号、永久封号等方式的处理。

（1）抄袭、整合他人创作的图片，或非独家授权申请原创声明的图片。

（2）涉及色情低俗、暴力、不实信息等内容违反法律法规或腾讯平台规则、用户协议的图片。

（3）图片主要内容为法律、法规，国家机关的决议、决定、命令和其他具有立法、行政、司法性质的文件、时事新闻、历法、通用数表、通用表格和公式等公共或为公众所周知的内容。

（4）图片主要内容为诸如：二维码、基础几何图形、基础色块图、纯文字图、系统常用图、网页或应用截图等的通用内容。

（5）任何以对实物图像作品进行包括但不限于摄影、扫描等而产生的电子版本图片作品。

（6）违反法律法规、政策及公序良俗、社会公德，违反《微信公众平台服务协议》《微信公众平台运营规范》，或干扰微信公众平台正常运营和侵犯其他用户或第三方合法权益内容的信息。

3. 视频作品滥用原创声明

含有如下情形之一的，不得对视频作品进行原创声明，一经发现将永久收回原创视频声明功能的使用权限，产生严重影响的，还将对违规微信公众账号予以包括但不限于一定期限内封号、永久封号等方式的处理。

（1）抄袭、剪辑、拼凑、整合他人内容的视频作品，未获得视频作品本身及视频配音、音乐、图片、片段等元素授权的视频作品。

（2）非独家授权的视频作品。

（3）涉及色情低俗、暴力、不实信息等内容违反法律法规或腾讯平台规则、用户协议的视频。

（4）视频内容为法律法规规定不予保护的作品。

（5）违反法律法规、政策及公序良俗、社会公德，违反《微信公众平台服务协议》《微信公众平台运营规范》，或干扰微信公众平台正常运营和侵犯其他用户或第三方合法权益内容的信息。

（七）滥用赞赏功能

赞赏是读者认可原创文章而自愿赠予，用以鼓励的无偿行为。如下情形不得对文章使用赞赏功能，一经发现将永久收回赞赏功能使用权限，导致严重影响的还将对违规公众账号予以一定期限内封号处理，处理时未结算资金将退还微信用户。

（1）用赞赏进行募捐。

（2）用赞赏进行赌博或抽奖。

（3）售卖商品（任何实物或虚拟商品）等，包括但不限于在文章中说明会给赞赏金额最多的用户提供粉丝见面会的门票、进入某个粉丝群的权限等。

（4）以提供增值服务利诱用户，包括但不限于声明或暗示赞赏达到一定金额可以获赠某种礼物或可以收到分组群发的文章、邮件等。

二、公众号发送内容规范

公众号的发送内容需要遵守《微信公众平台服务协议》以及相关法律法规的规定。用户发送内容如违反相关规定，一经发现将根据违规程度对公众账号采取相应的处理措施，包括但不限于以下内容。

（一）侵权或侵犯隐私类内容

1. 主体侵权

（1）擅自使用他人已经登记注册的企业名称或商标，侵犯他人企业名称专用权及商标专用权。

（2）擅自使用他人名称、头像，侵害他人名誉权、肖像权等合法权利。

（3）部分主体类型需进行主体申请真实性验证后，方可完成注册。

2. 内容侵权

（1）未经授权发送他人原创文章，侵犯他人知识产权。

（2）未经授权发送他人身份证号码、照片等个人隐私资料，侵犯他人肖像权、隐私权等合法权益。

（3）捏造事实公然丑化他人人格，或用侮辱、诽谤等方式损害他人名誉。

（4）未经授权发送企业商业秘密，侵犯企业合法权益。

（二）庸俗挑逗性内容

1. 违规内容

（1）散布淫秽、色情内容，包括但不限于招嫖、寻找一夜情、性伴侣等内容。

（2）发送以色情为目的的情色文字、情色视频、情色漫画的内容，但不限于上述形式。

（3）长期发送色情擦边、性暗示类信息内容，以此来达到吸引用户的目的。

（4）直接或隐晦表现性行为、具有挑逗性或者侮辱性内容，或以带有性暗示、性挑逗的语言描述性行为、性过程、性方式的。

（5）以庸俗或挑逗性标题、内容、配图（包括封面缩略图）吸引用户阅读文章、关注微信公众账号的，或标题、内容、配图（包括封面缩略图）含有使用户、阅读者产生不良、不正当影响等误导性内容的。

（6）利用微信公众平台传播非法性药品、性保健品、性用品和性病治疗营销信息等相关内容的。

（7）利用微信公众平台发布相关部门禁止传播的色情和有伤社会风化的文字、音视频内容的。

（三）赌博类内容

发布组织聚众赌博、出售赌博器具、传授赌博（千术）技巧、方式、方法等内容、进行博彩活动等，如图6-36所示。

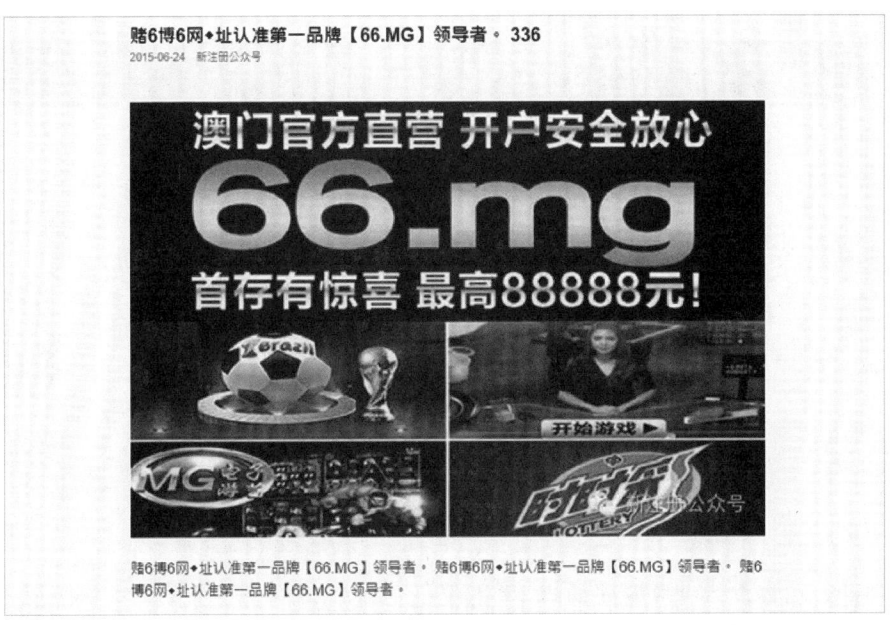

图 6-36 赌博违规示例

第七章 微博的运营与管理

第一节 认识微博运营

微博,在新媒体火热发展的当下,不仅是一种流行的社交工具,对企业、商家或是个人来说,它更承担着作为宣传推广平台的作用。企业或商家或个人在进行微博运营之前,应对何为微博运营做出一定的了解,只有这样,才能更有效地运营微博平台。下面对微博运营的基本内容进行相应的介绍。

一、微博运营是什么

新浪微博于 2014 年 3 月 27 日对外宣布将正式改名为"微博",同时还推出了 LOGO 标识。微博包括新浪微博、腾讯微博、网易微博、搜狐微博等等,但如若没有特别说明,微博就是指新浪微博。本章节也主要围绕新浪微博做介绍。

微博发展至今,它所承载的传播、宣传甚至是营销力量都是惊人的。在互联网与移动互联网快速发展的当下,随着用户获取资讯的手段改变以及消费习惯改变等,使得网络营销市场越来越大。因此,各行各业都将网络平台作为重要的营销和宣传推广平台。其中,微博凭借其庞大的用户规模以及操作的便利性,逐步发展成为各行业微营销的必备武器之一。

微博运营,是指企业、商家或个人,利用微博平台去谋求自身的价值,进而获得商业利益的一种运营模式。在微博平台上,发布内容有 140 个字的长度限制,所以企业、商家或个人只需要用很短的文字就能达到发布信息的目的。并且微博兼具了发布信息快速和信息传播迅速的两大特点,这更使得大多数企业与商家开始抢占微博平台。具体微博运营包含的内容如图 7-1 所示。

微博的每一位用户,都可以算作企业、商家或个人进行微博运营的营销对象。企业及商家利用微博更新最新的企业信息、产品信息,以便让用户第一时间知晓,以此来推广知名度同时树立良好的企业形象和产品形象。个人则利用微博更新自身的相关讯息,或是心情感想,跟用户建立情感联系。企业、商家或是个人都可以通过每天更新消息内容与用户进行交流互动,还可以通过发布用户感兴趣的话题的方式,来进一步跟用户增加黏性。

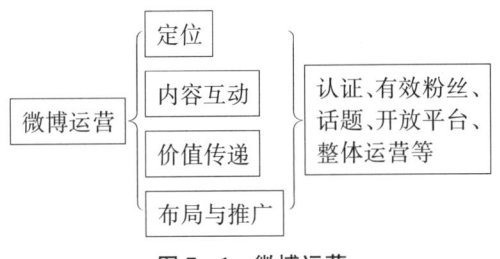

图 7-1　微博运营

二、微博运营的特点

由于移动互联网的迅速发展,导致人们的消费行为也跟着发生了巨大的改变,具体来说,就是从以前的被动选择变成如今利用网络可以主动搜索和分享。此外,产品销售后,消费者给予的评价信息也大大影响着其余消费者的消费决策,这无疑给企业或商家甚至个人的运营战略带来了新的挑战和机遇。

微博是从一个单一化的社交和信息分享平台转化而来的,在网络营销时代,微博凭借其巨大的商业价值属性已成为各行各业重要的网络营销推广工具。因此,微博运营的特点主要体现在以下方面:

(一)立体化

为方便用户更直观地了解资讯或是企业、产品信息,运营者可借助先进的多媒体技术手段,结合文字、图片、视频等多形式全方位展现。

(二)便捷化

微博用户可直接发布信息对内容、产品或服务进行宣传,无须经过繁复的行政审批,不仅节约了时间和成本,还大大提高了宣传的便捷性。

(三)快速性

微博的快速传播建立在它的转发量上,对那些关注度较高也就是粉丝基数很大的微博号来说,他们发布的内容在很短的时间内转发量就可以达到几十万。

(四)广泛性

微博通过粉丝关注以及利用名人效应等形式进行传播,可是说是一种病毒式的传播,其影响力非常广泛。

三、微博运营的价值

微博运营所带来的价值是不可估量的。微博营销对微商的价值主要体现如下:

(一)提供用户管理

微博运营者在日常与用户,也就是粉丝的交流过程中能够将信息传递给用户,根据用户反馈的意愿与需求,将其进行合理分类,然后针对分类细化管理及宣传。

(二)提供公关服务

微博不仅提供了宣传及营销的平台,同时还提供了一个发现以及处理公关危机的平台。在与粉丝的日常交流互动中,运营者一旦发现了公关危机的苗头,就可以立马采取措施将危机扼杀在萌芽状态。如果危机事件已经发生,运营者也可以利用微博大众对危机事件的态度,迅速采取适当的处理措施,防止事态恶化。

(三)提供个性化需求

运营者可以从用户自发转载、传播的信息中了解到用户的喜好和最真实的想法。因此,运营者可以根据用户传播出来的愿望给用户提供其感兴趣的内容,以此来满足用户的需求且能够有效获得用户的黏性。

(四)提供无障碍沟通

微博的互动形式可以使运营者和用户沟通交流时不受时间、空间的限制。来自不同地区的志趣相投的人可以实时沟通,进行更加深度的交流。

四、微博运营的注意事项

(一)好的广告文案不等于好的微博文案

微博的许多运营者有时会误认为好的广告文案等同于好的微博文案,其实不然。在做广告文案时,给到文字的显示空间小,所以如何用最少的文字抓住受众的眼球就变得非常关键。而在运营微博时,由于跟用户互动性很强,就需要用与人对话的形式去说话,微博文案中可以尝试代入带有提问和感情色彩的用语,引起用户共鸣。

(二)根据宣传目标选择最合适的工具

微博给用户提供了很多便利的工具,文字、图片(包括多图拼接)、视频、投票、外链和长微博等。随着技术的完善,将来微博的功能只会更多,不会更精简。与此同时就出现了一个现象:微博累赘化——很多企业微博为了让更多用户去点击转发,在微博形式上费尽心思,导致图片越来越长,长微博更是内容冗长,还有视频与外链等,这反而顾此失彼,让用户抓不住重点。微博运营需要牢牢把握宣传重点和目标,是需要把用户吸引至链接?还是视频或图片?明确宣传重点和目标,并在此基础上

选择合适的工具,达到最有效的传播。在这里,总结几点建议:

(1) 若是多图拼接,其中的关联性和故事性很重要。

(2) 图片里的文字最好不要过多。

(3) 发布视频时搭配吸引人的文字与图片,降低审美疲劳。

(4) 投票的内容要具有话题性与实时性,且与品牌相关。

(三) 在最有效的时间点发布信息

据有效统计数据显示,用户通常在某个固定时间点活跃率很高,若运营者在此时发布微博,同时间那些拥有众多关注者的加蓝V或草根大号都在发微博,这就会导致用户难以从众多新内容中发现运营者发布的内容。因此,知道活跃时间点是重要的,但是也要知道什么时间点、什么样的内容会引起受众注意。比如,上午8:00—9:00发一些140字的内容会容易被阅读,而下班时间再发满满的文字通常就没人会看了。

(四) 发布有含金量的内容

引发用户转发,评论的行为其实都非常固定,需要你的内容具有传播性、话题性,同时还符合受众的"修养"。一般转发数比较多的,要么是科普型、专业型与你职业有关的,要么是最低端的话题与内容。但是大部分企业微博的内容和这些容易转发/评论的内容实在差太多了。

在这里给大家一个小建议:去设定自己的标注。如果你的目的是为了让客户看到你的产品,那么导入到外链的点击率、视频的浏览率等就变得重要了;如果你分享了一个行业报告,那么下载数、浏览量就变得重要了。

好的内容、段子、图片能引来较大的关注与广泛的传播,但好的内容难求也是很多微博运营人员最痛苦的地方。社会化媒体本来就是一个欢迎分享、转发的地方,但在微博上遇到过很多比较没有节操的转发,比如不注明出处,去除原水印与LOGO等,将别人的东西直接拿来当自己的内容发布。

第二节 微博内容编辑

一、微博内容写作

很多人刚开始用微博时,都会有或多或少的困惑。例如,看别人在微博上说得热闹,可是,不知道自己该说什么好;写了很多,就是无法吸引别人的关注;玩微博好长时间了,粉丝数量还是个位数。

微博是个全新的社会化媒体,一方面,微博简便易用,随时随地都可以上手,但另一方面,用微博时也需要转换一下思维方式,别总是抱着发文章、发博客的旧用路不放。说白了,微博就是个以自我为主,自由创建有特色内容,然后尽力吸引粉丝关注并广交朋友的一个大舞台。微博上具有人气、发布的微博质量也高的人,通常具有以下几个特点:

(1) 有个性,有表现欲,会表达和展示自我。
(2) 有社交魅力,有办法吸引大家的注意。
(3) 有趣,不枯燥,不无聊,不人云亦云。
(4) 提供最有价值甚至独家的信息。
(5) 每天都更新微博,但又不唠叨。
(6) 经常和粉丝或其他网友互动。
(7) 微博的内容类型比较多样,内容比例也比较均衡。
(8) 在乎并理解粉丝想看什么内容,而不是一味地写自己想让大家看的内容。
(9) 懂得如何巧妙地推广自己的微博,但又不是自我吹嘘和卖弄。

微博给每个人的机会都是均等的,只要真心投入,每个人都可以成为人气博主。其实,对微博新手来说,无论是创建高质量内容,还是吸引粉丝的技巧,都可以通过学习、实践来不断提高。对微博新手来说,开设微博账号后不要急着发微博。磨刀不误砍柴工,只有做好充分准备,微博之路才能更顺畅。要想好自己微博的定位,看自己能不能回答下面这两个问题:① 为谁写微博? ② 写微博主要为了什么?

回答了这两个问题,你就会知道自己该写什么样的微博了。比如,如果是写给旅游爱好者,就多发布一些以前旅游的有趣照片,或者有用的旅游信息等。如果只是为亲友写,就可以随意一些。如果想吸引粉丝、广交朋友、影响别人,就一定要学习写作和吸引粉丝的技巧。

互联网投资人蔡文胜在新浪微博上有上百万的粉丝数量,是 IT 业界最著名的微博主之一。蔡文胜说:"我开始写微博是因为兴趣,后来就定义为个人的信息发布平台和个人形象展示。受粉丝欢迎的内容是关于创业、投资和自己的人生经验分享。"

正是因为蔡文胜对自己微博的定位有清晰的认识,将微博当作个人信息发布平台和个人形象展示的场所,所以他在写微博和推广自己时,才能有的放矢地在自己最熟悉的投资、创业等领域,分享对网友最有价值的信息。

做准备工作时,要花费足够时间,分析那些人气最旺的微博主,看他们的微博为什么吸引人。特别是要去分析那些和自己定位相近的微博,学习别人的成功经验。初写微博,多学习、多模仿总不会错。

先看后说,先学后写。多学习写微博的技巧和成功模式,不要太急于发布。比如,经过观察不难发现,在微博上时常写性幽默的内容,尤其是发生在自己身边的好玩的故事、笑话等,对提升人气有很大帮助。

当然,记录身边的事,不等于记流水账。如果天天都在微博上说"我吃过饭了"

"洗洗睡了"之类的事情,也许可以让朋友了解自己的动态,但对吸引更多粉丝没什么帮助,普通网友对这样的流水账很快就会失去兴趣。

不但要学会用网页版微博的各种功能,还要学会熟练使用手机版微博。随时随地都能上微博、发微博,能够用手机及时捕捉生活瞬间,或者身边发生的实时新闻事件,你的微博才真正具有实时性,才有别人无法替代的有价值的内容。

总之,机会不会青睐无准备之人,做好准备,才能写好微博,用好微博。

二、完善自我介绍

每个微博主在微博上都有自己的个人首页,首页上有微博主的自我介绍,供访问微博主管页的网友认识微博主、了解微博主,不同微博服务商提供的自我介绍信息不完全相同,但通常都包括头像、昵称、简短的自我介绍、标签等几个部分,如图7-2所示为微博用户资料的基本信息页面。

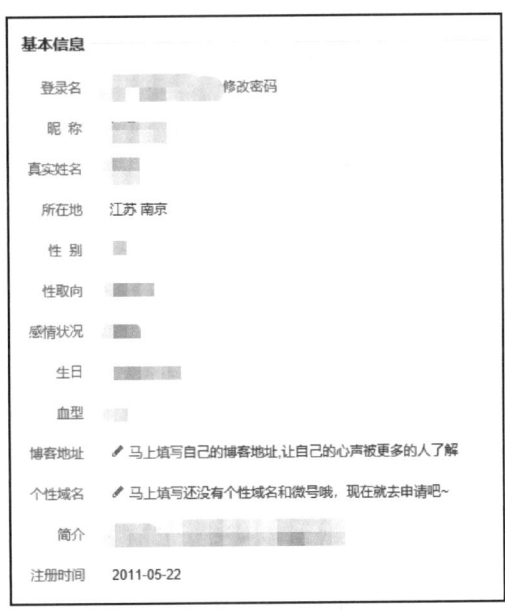

图7-2 微博用户资料的基本信息页面

选头像时,要选一张比较有个性的照片,照片形状最好是正方形。照片中,自己的脸部要清晰美观,当然,头像也不一定就非要是自己。如果微博主是时尚、可爱、新潮的人,做个好玩的卡通形象,也可以吸引不少人。

名字或昵称一定要想好。直接用真名当然挺好,但还有许多其他的起名方法:在名字前面加上修饰语,让人快速了解你,比如"喜欢高尔夫的某某某",这样具有同样爱好的人会通过搜索很快找到你;直接用可爱的网名或昵称;把网名或昵称和真名合并起来;用你微博的主要内容做名字。

用简短的话写好自我介绍并不容易,但这一句自我介绍是别的网友了解你时,最先读到的有关你的信息,写得好可以在第一时间吸引别人的眼球,就像好的气质和外表是一见钟情的必要条件一样。所以,自我介绍一定要简洁、明确,突出最主要的信息,清楚地告诉来访者你是谁,以及有什么特征。

三、微博账号设置

完善微博账号资料,有助于提高营销者的真实性。可以从以下方面进行设置。

(一)账号昵称

企业或商家在为品牌设置微博昵称时,应该选择一个适合微博营销的昵称,这样才能够让微博粉丝更好地记住你。以下是微博昵称设置的原则和技巧。

(1)字数不要超过7个字,最好控制在4个字以内。
(2)在昵称中要体现出品牌价值。
(3)在昵称中要体现出产品或服务的具体内容。
(4)在昵称中体现出明确的定位。
(5)最好有突出行业特点的关键词,增加关键词的密度。
(6)在设置微博昵称时,可以按照"姓名+行业+产品"的格式来命名。

总之,微博的昵称设置首先要考虑到搜索的需要,注意用户的搜索习惯。用户一般都会搜索行业或者产品,在昵称中体现行业或产品可以方便消费者快速地找到你。

(二)账号头像

企业或商家的微博头像一定要真实,最好能够直观地体现出企业、产品或品牌的特性。比如,用品牌标识、店面或商品的照片等来作为微博的头像,这样可以让用户在搜索时对企业或产品一目了然,便于用户以此来与其他企业或产品进行区分。

(三)账号简介

企业可以根据自己的产品准备词组,注意不要用个人标签,更不要写成诗情画意的话或励志名言。具体内容一般都是根据搜索的概率来写,词语之间要用空格隔开,不要用任何标点符号,然后加上企业联系方式。

(四)个人标签

个人标签的设定很讲究,可以通过设置完整的关键词和设置拆分的关键词来体现。比如,美容类的标签站在消费者的角度可写美白、养颜、祛斑、消痘、瘦身、去疤等。那么,拆分出来的关键词就是美、白、痘、消痘等。这样的目的是让一个字能与自己匹配,两个字也能与自己匹配,三个字也能与自己匹配。

微博标签词的匹配度越高,被用户搜索并曝光的概率就越高。当然微博个人标签设置还是有一定的规则的,以下是设置微博个人标签的几个规则:

（1）定期查看用户搜索习惯，根据搜索频率最高的词语来调整自己的标签。

（2）定期更换标签，可根据假期节点来更换对应的标签词。

（3）重视四字词语的使用。

四、微博内容的发布技巧

微博营销以内容为王，合适的内容能快速增加粉丝数量和粉丝黏度，为企业带来可观利润。微博内容首先要根据企业、产品特点、用户习惯进行策划编辑，才能具备影响力，达到预期效果。下面是微博写作的九大技巧，适用于各行各业，大都可结合自身企业特点、产品特点进行微博内容的编辑。

（一）文字简练

微博是基于用户关系进行信息分享、实时传播以及快速获取信息的平台。随着互联网的发展，用户的阅读习惯在改变，用户能够接受的字数不断减少发展到现在，140个字对于用户来说已经太多了，所以微博内容要尽量简短，让用户在1秒内就能了解微博的主题内容。

（二）语言风格通俗

对于行业内专业词语，做到少用或者不用，专业的词语用通俗的文字表达，更加幽默风趣，印象深刻。

（三）情感要直接

微博是人物的折射。在微博运营中，要用真挚的感情写微博，你的心态会通过微博转移到用户眼中。无论事情大小，微博透露出的真挚能够很好地感染用户，形成传播。

（四）娱乐精神

微博价值观之一"幽默吸引人"，微博的内容要具备娱乐精神，企业领导人的微博，应该放下身段，具备娱乐精神能对微博营销起到一定帮助。

（五）善于讲故事

结合产品和用户群体进行故事编辑，可讲感动的故事、幽默的故事，从而加深用户对微博、产品的认识度。

（六）适度结合热点

所谓热点是指大多数人感兴趣的内容，将自身产品与微博热点有机结合，能有效地促成用户转发、评论，从而增加用户黏度。

（七）多用疑问句

微博的内容主要采用疑问句，尽量减少陈述句，从而增加用户思考微博问题。

（八）善用图片

微博配图是对微博文字内容的进一步阐述，也是首先吸引用户观看微博内容的最好方法。图片尽量原创。随着传播范围的扩大，图片曝光机会增大，转发的图片对用户并不具备吸引力，企业可对微博图片进行原创加工，让图片吸引用户，留住用户。

（九）让网友创作内容

当微博获得一定的互动后，关注每位博友的微博评论，最好的内容来源于用户，从用户评论中获得好的微博创意。微博内容的互动性使用户形成转发＋评论，形成良性循环。

第三节　微博运营技巧

一、长期更新及主动关注

企业应长期坚持更新微博，因为只有保持微博的活跃度，才不会被粉丝遗忘，因此，企业要将企业微博运营作为长期品牌建设的战略。

企业不能一直都等着别人来关注自己，应该学会主动出击，企业主动关注目标客户的行为，在很大程度上会促使一般微博用户在得到新粉丝之后，都会回访一下关注人的微博。如果企业的微博内容能够引起用户的兴趣，那么一般用户也会互粉了，如果企业的个人资料比较丰富些，头像比较吸引人一些，互粉的可能性就会更大。

二、评论及转发他人微博

企业可以在微博粉丝用户的博文下写一些有价值、有深度的评论，引起潜在用户的注意力。进行转发很容易让用户会觉得自己得到了尊重，自己发表的东西有人懂得欣赏，自己又找到了一个志同道合的朋友。

于是用户和企业直接就建立起了互粉的桥梁，届时用户成为企业的粉丝也就不是什么难事了，这种方法需要坚持做，用心去评论别人的信息，才能取得好的效果。

三、学用@符号

在博文里"@"明星、媒体、企业，如果媒体或名人回复了你的内容，就能借助他们的粉丝扩大自己的影响力;若明星在博文下方进行评论,则会受到很多粉丝及微博用户关注,那么产品定会被推广出去。

四、热点话题

微博的"热门话题"是一个制造热点信息的地方,也是聚集网民数量最多的地方,运营者需利用好这些话题,发表自己的看法和感想,提高阅读和浏览量。还可以利用内容连载的形式来发表话题,引起一部分人的关注。

五、其他营销工具

(一)微博内容库

内容是一个微博生存的必要条件。很多人不知道怎么搞微博,最主要的还是不知道微博发什么。

所以,微博内容库就诞生了,主要目的是帮助需要微博维护的商户和个人提供相关关键词的内容,甚至连图片都帮你选好了。目前有大量的淘宝店主、企业主、网站主在使用。

(二)第三方工具

对于从事微博营销工作的人来说,利用第三方工具来分析自己的微博粉丝是十分必要的,新浪微博拥有大量的第三方工具。例如"微数据"就是新浪自带的、比较权威的粉丝分析工具。"微博分析家"是一款可以全面分析关注、粉丝、评论、转发、人脉应用的分析工具,它比"微数据"里的人脉关系更全面。

除此以外,粉丝分析工具还有关注查询、新浪微博关注查询工具、绿佛罗等。

(三)微博风云

微博内容的分析,可以从内容的全面分析和单条内容的分析着手。"微博风云"提供的数据比较全面,有活跃度排名、影响力排名、微博等级等大指标。如果想得到某类微博的分析结果,"微博51爆点"和"转发粉丝数量统计"就是分析单条微博传播的绝佳选择。这两类工具的使用方法都类似,只要输入某条微博地址,即可分析得出该条微博辐射范围和覆盖人数。

(四)综合管理

综合管理,简单来说就是前面介绍的功能基本上都有,而且还有管理功能。目前以使用"微动社交管理""孔明社交"和"众趣用"的人较多,这三款综合应用都提供了定时发布、粉丝分析、传播分析、多账号管理等功能。可以只用一个平台账号管理多个微博账号。

(五) 多平台发布工具

定时发布是指定时发布微博信息,这里推荐的定时发布微博工具有皮皮时光机、享拍微博通、定时V、定时微博、YiBO微博、Fawave(Chrome插件)。其中,享拍有手机客户端和Chrome插件能够多平台定时发布,这是一款被普遍认可的微博多平台发布利器。

六、微博运营的误区

对于企业来说,在进行微博运营时,不仅要掌握微博的推广技巧,还要学会规避微博营销的误区,只有这样才能避免造成一些不必要的损失。企业不要妄想刚进驻微博平台就能取得明显的营销效果,微博营销是一个循序渐进的过程。

企业只有认清自己的位置,找准合适的目标,并且巧妙地规避误区,才能够在微博平台上开辟出一片属于自己的营销天地。

下面主要对微博运营中的误区进行具体分析,企业或商家应该给予足够重视,以便在自身进行微博运营时可以做到成功地规避误区,以真正地实现微博营销的价值。

(一) 所有企业和产品都适用

微博作为一种新型的营销工具,相比其他平台而言,它也有自身的短板。因此,并不是所有的企业及产品都适合进行微博营销。以下为微博自身的缺点。

(1) 营销信息碎片化。

(2) 评论的关联性较差。

(3) 信息表现能力较弱。

任何营销工具都不会是万能的,它都有自身的短板,当然,微博也不例外。因此,企业或商家在进行营销时,就要对营销工具进行正确地选择。但是,选择好了正确的营销工具还是不够的,企业或商家还应该运用正确的营销方法才能够打赢营销之战。

企业在进行营销活动时,一定要找准适合自身发展的营销平台,要知道,并不是所有的企业都适合利用微博来进行营销。那些不适合利用微博进行营销的企业应该早点寻找适合自己的发展平台。比如,微信、QQ、博客、BBS等。只有找准适合自身发展的平台,企业在营销活动中才能够获得明显的营销效果。

(二) 帖子内容的编写很容易

虽然微博的帖子内容被要求在140字以内,但是要写好一篇140字以内的帖子也不是那么容易。就微博营销来说,140字既要包括产品或服务的所有内容,也要吸引用户以达到营销推广的目的,其难度可想而知。但是,对微博的帖子进行编写也是有一定技巧的,企业只要真正地掌握好了这些基本的技巧,很好地完成一篇微博帖子是不成问题的。

下面对编写微博帖子的技巧进行简单介绍。

1. 构思巧妙,具有创意性

企业发布微博营销的帖子一定要具有创意性。编写微博帖子之前拥有一个巧妙的构思,才能够使帖子更好地吸引用户。企业发布的微博营销的帖子一定要让客户感觉到既有趣好玩又有利可图,只有抓住用户的这种心理,才能吸引更多的用户参与进来,回答相关问题并且帮忙转发。

2. 内容清楚,表达方式新颖

企业在编写微博帖子内容的时候,一定要将所有的信息表达清楚,并且要注意文字表达的话语口气。一般来说,微博帖子的话语口气不要太生硬,否则只会将软文写成硬广告,使用户产生反感。如果有必要的话,企业还可以借助图像、音频或视频来配合帖子中的文字描述。

(三) 转发量大就是效果好

很多企业总会认为,某条微博的评论数或转发数非常大,就觉得这条软文营销效果不错。其实不然,光用评论数和转发数来评判软文营销的效果并不那么精准,因为转发有些也是无价值的,因此,企业在进行微博软文营销的时候,需要从以下两方面对营销效果进行判定。

1. 水军

有些企业将微博软文营销外包给其他中介公司来做,而这些中介公司有时候为了让营销效果从表面上看起来特别好,就会雇大量水军来进行转发和评论,但这些水军并不是真正的粉丝。因此企业想要获得真正的粉丝,还必须整治水军账号,谋取真正的粉丝转发量。

2. 质量

企业需要注重软文营销的质量,而所谓的质量,就是指在运行软文营销的过程中,企业要考虑"评论中有价值的评论有多少?""转发里是否存在高质量账号""高质量账号有多少",如果这几个数据都很低,那么整个软文营销的效果则不能算好。

(四) 唯一的新媒体营销平台

一般来说,营销活动都不是通过某一个单一的渠道就可以完成的,企业利用各种平台进行营销才能取得较好的效果。那些为了夸大微博的营销作用,称只要把微博这个平台利用起来就不再需要其他的营销渠道的说法是错误的。

微博是一个很好的营销平台,但绝不是唯一的营销渠道。企业可以打通多种营销渠道,采取多面出击的方式,获取品牌用户。说到企业的多渠道营销,诺基亚就曾做得很好。诺基亚曾为了推出其品牌手机,与新浪微博、人人网、开心网和优酷网等平台联合对产品进行了全面的营销推广,获得了很好的传播效果。

(五) 只需要发布营销的软文

有些企业,在运行微博软文营销的过程中,由于营销方式很多,造成人手忙不过来的情况,他们就会请一些兼职,规定他们只要平均每天发一条微博软文,就算微博软文营销任务基本完成。这样做的后果很有可能减弱微博软文营销的效果。

微博软文营销的关键就在于微博软文发布后,不断地与用户进行互动,来保持或增加用户对微博的关注度。

因此,软文营销并不局限在发布软文上,它是由很多小环节,一环扣一环而组成的,并不是每天发布软文就算完成微博营销的任务,这样可能起不到任何营销作用。

(六) 发完帖子就算完成营销

对企业的微博运营来说,每天保证发帖量固然是好事。但是,大部分运营者会将发帖和完成微博营销画等号,这种想法和做法肯定是错误的。简单来说,并不是每天发的帖子都能够产生营销效果,也并不是每天发帖就能够促进产品的营销。其实,企业进行微博营销时有很多的发帖技巧,总的来说,包括了:

(1) 对自身发展及相关产品的特点进行了解。
(2) 对产品进行精确的定位,锁定目标群体。
(3) 加强用户互动,稳定客户群和扩大潜在客户。
(4) 抓住潜在客户的特点并保证具有一定数量的客户。

企业在进行微博营销时,不仅要掌握这些发帖的技巧,也需要安排专业人员来进行官方微博的维护以及利用微博小号进行品牌的宣传,以扩大用户群体。对于微博营销来说,定期更新合理的内容,制造引人热议的话题,才会形成品牌价值,收获更高的营销价值。

第四节 微博运营的推广策略

一、了解目标消费者

以有产品需要的朋友为目标群体,同时定准年龄层。在微博中,有以下方法非常利于企业掌握微博用户资料,如图7-3所示。

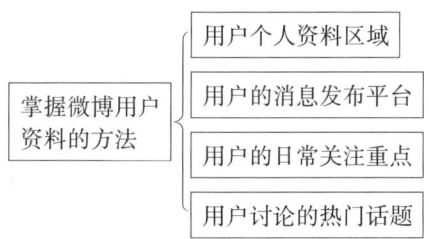

图 7-3 掌握微博用户资料的方法

二、建立微博粉丝群

微博群是为微博粉丝提供一个围绕某个话题交流和讨论的场所,群内的成员也往往都是对这一话题关注的人,如果企业能常常发一些用户关注的内容,经常和群内的用户进行交流讨论,帮助用户解决问题,甚至成为群内的名人,那么群内的用户也会慢慢转变成自己的粉丝,抑或自己建一个群,与粉丝进行互动交流,拉近彼此之间的距离。

那么企业该如何利用微群与粉丝进行互动呢?

(1) 积极耐心地与粉丝互动,在发现企业的微博评论中或他人发布的微博中有一些必须回复的问题后,要根据不同问题的性质,用不同方式进行回复。

(2) 发布一些搞笑、有震撼力、有争议的图片、视频、短的软文段子等,通过其他用户的转播评论,再与其他人进行互动。这种方法需要的人力和时间比较多,如果能广泛传播,其效果也是很好的。

(3) 企业或机构在每天发完几条微博后,需要不断地监测粉丝们的回复以及粉丝们主动发布针对你的企业或机构的帖子,这种行为实际上是在提高互动率。

(4) 通过一些测试题、有趣的小游戏来聚集粉丝进行互动,这种方法相对来说是比较稳妥的,抓住了一类人喜欢进行星座情感测试问题小游戏的心理,来进行传播宣传,达到互动软文营销的目的。

(5) 重视原创微博的水平,坚持让微博原创软文在素材选择上恰当,在表达方式上轻松,在商业元素上更软化的微博帖子很容易引起粉丝们的关注并进行转发。

三、寻找精准的客户

企业在微博营销时,应极力寻找需要自己产品和服务的客户和潜在客户群。这样才能体现出软文营销针对性强的特点。那么企业如何在微博上发现精确客户呢?下面介绍几种寻找微博精确客户的方法。

1. 话题找客户

企业参与某个话题进行讨论,可以通过微博搜索直接找到参与某个话题讨论的人群,如果发现某些用户经常参与"♯带着微博去旅行♯""♯欧洲旅游♯""♯旅游攻略♯"这样的话题进行讨论,而企业恰好又是经营旅游产业的,那么企业就可以通过这样的方法去寻找客户,积极参与此类话题的讨论,有可能得到很多评论、点赞和转发。

2. 微群找客户

微群是一个人们因为某个共同的爱好或者有共同的话题而聚到一起进行交流和互动的地方。如果微群的主要话题和企业的产品有比较紧密的结合点,那么微群里的用户也就会是企业的目标用户。

3. 标签找客户

微博用户往往会根据自己的爱好或者特点为自己的微博贴上不同的标签,这些标签都是用户自身设定的,最能体现出个人的特点及其喜好。

企业可以通过分析微博用户标签,对他们在年龄、职业、身份、爱好等方面进行归类,如果企业的目标客户正好和某一人群重合,则这类微博用户就会是企业的目标客户或者是潜在客户,企业就可以下功夫去吸引这些人群。

四、优化搜索引擎

现在百度已经把新浪微博的内容放到了搜索结果页,说明微博的影响力正在扩大。对于日访问量 10 000 以下的小型网站来说,吸引相同数量陌生访客的成本,微博营销比搜索引擎优化和搜索引擎广告投放都要低很多,利用微博进行搜索引擎优化的方法是:把客户行业的某篇值得关注的新闻,转载到客户需要营销的网站,提炼新闻点,做成微博。在微博里附带上该篇新闻在目标营销网站上的链接,用热门微博 ID 发出。在有经验的流量优化人员的操作下,一篇这样的微博可以为客户网站带去累计过万陌生访客的访问量。对于一个小型站点来说,这是一个很可观的数字。

如何营销微博?在短短 140 个字以内要有重点地突出微博站内搜索、文章阅读性、站外搜索引擎搜索各项因素。企业微博在站外搜索引擎优化方面,名称一定要取企业名称或是代表企业产品的名称。这样微博链接、微博标题都会对排名有加分,内容优化方面基本上和普通网页优化方法一样。

五、危机公关

微博每条内容虽然仅仅 140 个字,但其威力却是不可小觑的。微博相当于一个小小的自媒体,拥有自己的听众和话语权。如今,微博已然成为一个重要的公关渠道,就像是一把双刃剑,用得好皆大欢喜,用得不当则会丑事传千里。因此,对于危机公关的处理就显得尤为重要。

公关危机是各大企业都可能面临的重要问题。尤其是在这个病毒式传播的互联网时代,用户对产品或服务的负面评论很可能导致企业直接面临公关危机。作为一个信息共享的社区,微博的传播速度是非常快的,但是只要企业掌握了正确处理公关危机的技巧,就能够及时地将危机带来的损失降到最低。

第八章 直播、短视频运营与管理

在我国互联网二十多年的发展过程中,网络娱乐需求及其产业发展已呈现出蓬勃发展之势。马东说,娱乐是人的天生本能,所以任何媒体,都有动力向娱乐化发展。而娱乐化的最终目的是市场化的成功,正如新闻行业一直在强调的"硬新闻软着陆"。环球时报作为央媒集团下属媒体,受众定位精准,在标题里肆无忌惮地用着鲜明的感叹号;与读者互动频繁,而这些看似不太"严谨"的行为都让他与民众更亲近,在市场化道路上比其他媒体走得更远。

2014年,"泛娱乐"一词被文化部、国家新闻出版广电总局等中央部委的行业报告收录并重点提及。文学、动漫、影视、游戏、音乐、综艺节目等娱乐形式不再孤立发展,而是可以协同打造同质、优质IP,构建一个泛娱乐产业新生态。与此同时,甚于用户社交需求和体验新要求的全民泛娱乐生态显现出猛发展之势。

第一节 直播平台的发展

如今,新媒体平台已经不能满足互联网发展的需求,很多独立的运营者开始试图利用新的媒介平台去展示自己。2016年被业内公认为直播元年的网络直播平台就是其中翘楚。从2016年年初开始,包括腾讯、阿里、小米、乐视、360在内的互联网巨头纷纷进入网络直播领域。移动直播由单一的PC秀场进化到移动端平台,渐渐覆盖用户的所有生活场景,成为产业链条的核心枢纽。

根据易观数据发布的《中国网络视频市场年度盘点分析2018》中的数据显示,已经上市的网络视频平台除了已有6家之外,腾讯视频、优酷、土豆、搜狐视频、百度视频等视频平台也纳入了腾讯、阿里、搜狐、百度等上市企业体系之内。作为重要的流量入口,除了视频平台之外,新片场等新媒体内容平台也已经登陆新三板挂牌上市。2018年初,哔哩哔哩和爱奇艺先后登陆美股,映客也在香港递交IPO申请,预计未来仍将有一批视频平台公布上市信息,如图8-1所示。

网络直播是将音视频信号转换成数字信号并经过网络传输的一种流媒体应用。2005年开始的直播1.0时代,专注于陌生人视频社交的9158异军突起,从网络视频

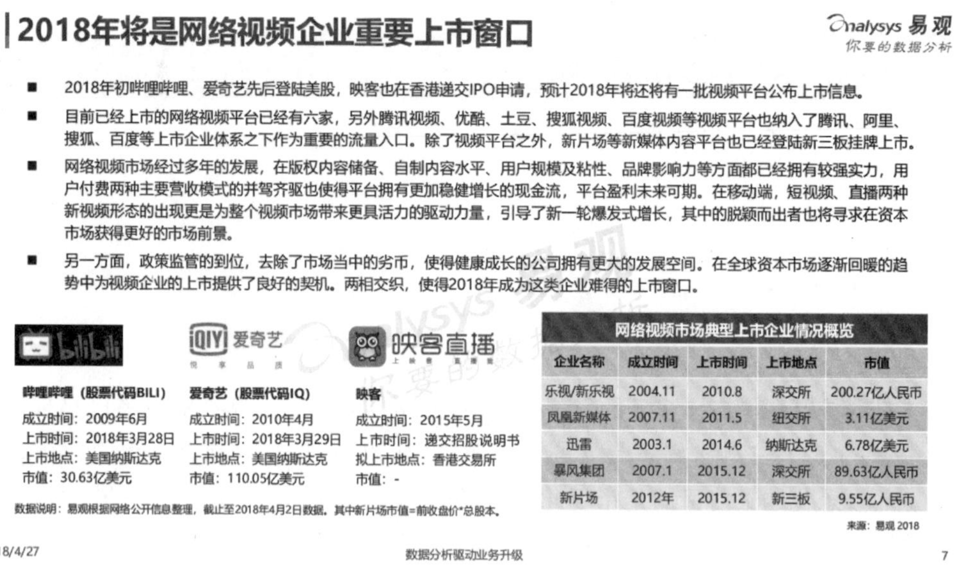
2018年将是网络视频企业重要上市窗口

Analysys 易观 你要的数据分析

- 2018年初哔哩哔哩、爱奇艺先后登陆美股，映客也在香港递交IPO申请，预计2018年将还将有一批视频平台公布上市信息。
- 目前已经上市的网络视频平台已经有六家，另外腾讯视频、优酷、土豆、搜狐视频、百度视频等视频平台也纳入了腾讯、阿里、搜狐、百度等上市企业体系之下作为重要的流量入口。除了视频平台之外，新片场等新媒体内容平台也已经登陆新三板挂牌上市。
- 网络视频市场经过多年的发展，在版权内容储备、自制内容水平、用户规模及粘性、品牌影响力等方面都已经拥有较强实力，用户付费两种主要营收模式的并驾齐驱也使得平台拥有更加稳健增长的现金流，平台盈利未来可期。在移动端，短视频、直播两种新视频形态的出现更是为整个视频市场带来更具活力的驱动力量，引导了新一轮爆发式增长，其中的脱颖而出者也将寻求在资本市场获得更好的市场前景。
- 另一方面，政策监管的到位，去除了市场当中的劣币，使得健康成长的公司拥有更大的发展空间。在全球资本市场逐渐回暖的趋势中为视频企业的上市提供了良好的契机。两相交织，使得2018年成为这类企业难得的上市窗口。

bilibili　　爱奇艺　　映客直播

哔哩哔哩（股票代码BILI）
成立时间：2009年6月
上市时间：2018年3月28日
上市地点：美国纳斯达克
市值：30.63亿美元

爱奇艺（股票代码IQ）
成立时间：2010年4月
上市时间：2018年3月29日
上市地点：美国纳斯达克
市值：110.05亿美元

映客
成立时间：2015年5月
上市时间：递交招股说明书
拟上市地点：香港交易所
市值：-

数据说明：易观根据网络公开信息整理，截止至2018年4月2日数据。其中新片场市值=前收盘价*总股本。

网络视频市场典型上市企业情况概览

企业名称	成立时间	上市时间	上市地点	市值
乐视/新乐视	2004.11	2010.8	深交所	200.27亿人民币
凤凰新媒体	2007.11	2011.5	纽交所	3.11亿美元
迅雷	2003.1	2014.6	纳斯达克	6.78亿美元
暴风集团	2007.1	2015.12	深交所	89.63亿人民币
新片场	2012年	2015.12	新三板	9.55亿人民币

来源：易观 2018

2018/4/27　　数据分析驱动业务升级　　7

图 8－1　2018 年是网络视频企业重要上市窗口

聊天室逐步发展为以美女主播为核心的秀场，2014 年开始的直播 2.0 时代，主要是游戏直播的发展时期，YY 剥离游戏直播业务成立虎牙直播。同年，斗鱼从 A 站独立，成为游戏直播的两大巨头之一。2015 年，熊猫直播开始抢占市场。2015 年开始的直播 3.0 时代，移动直播、泛娱乐直播兴起，映客、花椒等直播 App 不断涌现，未来的直播 4.0 时代将向 VR 直播迈进。

自 2014 年以来，网络视频直播平台迎来了爆发式发展。一方面，满足用户潜在直播需求和体验要求的外在宏观网络环境逐步具备，如网络宽带和 4G 网络的“提速降费”、WIFI 工程的普及化、4G 智能手机终端的大屏幕、大内存等外在网络使用条件一应俱全；另一方面，网络视频直播本身具有突出特色，网络视频直播凭借其简单直接、实时分享、互动的社交本质，已成为移动互联网时代的主流娱乐载体，越来越多的人通向直播平台，享受着网络直播带来的乐趣。

据 CNNIC2017 年 1 月 22 日发布的第 39 次《全国互联网发展统计报告》显示，截至 2016 年年底，中国直播产业可验证的用户总量达 3.25 亿，2016 年 8 月，Facebook 开放直播服务，包括 BBC、华盛顿邮报、纽约时报、今日美国等在内的专业媒体先后入驻。

直播成为聚合流量的新入口，甚至催生了“网红经济”这一新的互联网商业模式。网红主播门纷纷从“直播间”走上科技公司的发布会，甚至被称为“网红直播时”。如今，企业开始在直播平台上重构营销策略。企业直播涉及会议、活动、教育培训、新品发布、产品体验等各大应用场景，覆盖汽车、房产、旅游、科技等众多行业。

一、直播平台应用

大多数用户在点击一条直播之后，会观看几秒。如果主播没能在几秒内打动用户,用户很可能会直接离开,这说明直播内容无法有效留住用户。如果用户连续浏览10—15场直播,但仍没有找到值得观赏的内容,说明该平台的内容和内容分发有问题。最终,用户会彻底离开该直播App。

直播平台通常存在"10/90"法则。少量优秀的播主会吸引90%以上的活跃用户,而绝大多数直播的观看用户数甚至不足百人。

因此,内容的重要性不言而喻。内容取决于策划、服务、成本等因素。

目前,直播平台已经有了非常清晰的模式。直播产业链上游主要是由明星、关键意见领袖、主播构成的内容提供商、拥有游戏、赛事、演唱会等版权的版权方以及提供运营服务的基础设施方。下游则为有营销需求的B端商户以及有双方需求的C端客户。

企业在直播平台上的应用,主要是自建账号和利用直播平台的资源。自建账号分为企业家、品牌IP、形象代言人3种。直播平台的资源,则通常是网红资源和平台的流量资源。

直播平台聚集了大量已分类好的用户流量。在自强平台的营销推广上,企业应针对主播风格及题材内容,个性化地选择广告内容,并审核广告内容及技术上的安全性,做到最高效的垂直人群营销。直播平台应针对广告内容、位置、播放形式进行创意与制作,广告投放切忌影响用户体验。

2016年调查显示,直播用户对不同广告投放方式的接受程度各不相同:由于开屏广告对观看直播的影响微乎其微,用户的接受度比较高;固定位置的图片、动画广告可以手动关闭或避开,用户的排斥性不强;口播式植入广告对收看体验有一定影响,但如果主播者采取技巧性植入,也会提高用户的接受程度;评论及弹幕广告对直播收看效果和互动效果的影响较大,用户的接受度最差。

企业通过直播连接各个社交严台,例如微信、微博等,可以在互动模式下形成强关系,实现更高的销售转化率。直播营销不仅大幅降低了营销成本,还可以实现直接购买,并具有粉丝沉淀和品牌传播的附加价值。

二、直播的商业价值

在线直播是一种实时性、互动性显著的互联网传播形式。与传统的文字、图片、视频不同,直播具有即时性和真实性等显著特点,对用户更具真实感和吸引力。直播将场景与用户紧密地交互在一起,将需要传递的信息通过视频更直接地展现出来。

瑞士信贷银行股份有限公司预测,2017年,中国直播市场的规模将达到近50亿美元,或将接近移动游戏市场的一半。直播市场将在2017年减速,由高速发展转为平稳增长,但仍将保持两位数的增长速度。

作为新兴的社交方式,网络直播引发了新的媒介革命,迅速成为新媒体营销的新阵地。易观数据显示,中国娱乐直播市场活跃用户规模总体呈上升趋势,截至2016年12月,娱乐直播市场活跃用户招过8 000万。

从傅园慧、Papi 酱,再到很多科技公司发布会上的美女网红,越来越多的企业参与到企业直播中来。欧莱雅在夏纳做直播导流卖货,利用明星效应让产品快速售罄;小米公司也用起了直播,雷军甚至亲自上阵;周鸿祎等大佬也纷纷试水。新品发布会、专家 PGC 讲解产品体验……所有适合通过视频公开发布的内容,都在应用直播形式。

企业的新媒体矩阵可以将直播平台的账号囊括进来,通过直播、微博、微信公众号、朋友圈、新闻客户端等多个平台互相导流和推广提升企业新媒体矩阵的整体实力。

当下前九大直播平台分别为:YY 直播、斗鱼直播、虎牙直播、战旗 TV、哔哩哔哩直播、龙珠直播、花椒直播、映客直播、风云直播。

其中,YY 直播是国内网络视频直播行业的奠基者。YY 直播最早建立在一款强大的富集通信工具——YY 语音平台的基础上,并于 2012 年在美国纳斯达克上市。目前,YY 直播是一个包含音乐、科技、户外、体育、游戏等内容在内的国内最大全民娱乐直播平台,注册用户达到 10 亿,月活跃用户达到 1.22 亿。2016 年,在各直播平台的用户下载量分布中,YY 直播占据了 24.4%。2015 年 YY 直播平台营收为 33 亿元人民币。斗鱼直播成立于 2014 年,是成长最快的直播平台,短短两年时间就上升到了直播平台的第一梯队。截至 2016 年 10 月,斗鱼直播已经进入全球网站前 300 名,全国前 30 名,浏览量在国内视频类网站中排名前十,在游戏直播平台中排名第一。经过 A、B、C 轮三轮融资后,斗鱼直播逐步由游戏直播向体育、综艺、娱乐、户外等直播内容扩张。斗鱼称在 2015 年,网站晚间高峰时段的访问人数已经接近淘宝网站的 80%,超过 5 000 位主播同时在线开播。有第三方平台数据显示,2016 年,斗鱼直播日活跃用户达 1 200 万,月活跃用户数量为 1.3 亿至 1.5 亿。从我国各直播平台的用户下载量来看,YY 直播位居第一,斗鱼直播位居第二;但从月活跃用户来看,斗鱼直播位居第一。

遗憾的是,2019 年 3 月 7 日,曾跻身直播前十的熊猫直播宣布倒闭。创始团队成员兼首席运营官 COO 张菊元在公司内部工作群中发长消息称,在 2017 年 5 月获得由兴业证券兴证资本领投的 B 轮 10 亿人民币融资之后,至今没有外部资金注入,在资金缺口无法解决情况下做出了遣散员工的决定。曾经熊猫 TV 高峰时观看人数曾达到了 58.2 万。最风光的时候,熊猫 TV 估值高达 50 亿元。这一现象可以看出,随着行业洗牌的加剧,直播行业进入理性发展期。[①] 因此,如何在规范内合理有效的运营直播平台,是每一个直播运营者要思考的。

网络直播平台是一个通过网络直播平台型运营商连接和服务于用户(包括主播用户和观看用户)、广告主、软硬件技术厂商以及转播平台等多边市场群体的平台型产业,以斗鱼直播平台产业为例,斗鱼直播将为平台配套服务的各边市场群体如软

---

① 引自人民网《熊猫关停虎牙盈利斗鱼狂奔　直播行业的"冰与火"》,http://media.people.com.cn/n1/2019/0312/c40606-30970673.html.

硬件技术厂商、主播用户和观看用户、转播平台以及广告主有效衔接起来,从而构成完整的网络直播平台产业。

第二节 短视频平台的发展

视频服务最早是通过电视机播放,由广播电视与有线电视提供。然而自移动互联网兴起以来,年轻观众的观看习惯受到改变,他们迅速移到了电脑与手机上,这就使得视频网站与 App 纷纷转向提供大制作有版权的长视频节目。

一、短视频的发展进程

从 2013 年诞生的首款真正具备移动短视频属性的移动应用微视,到现在火遍大江南北的抖音、快手,均有其自身的传播模式。不同的传播模式反映了移动短视频从发轫到勃兴的发展历程,决定了不同应用的发展命运。总体而言,移动短视频应用的发展经历了三个阶段。[1]

(一) 微视(移动短视频 1.0 阶段):意见领袖主导的单向传播

尽管应用于互联网的短视频平台早在 2004 年就已出现,当时还分属两家的优酷与土豆依靠分享网友自己拍摄、上传的短视频异军突起,《一个馒头引发的血案》《老男孩》等微电影(网络短片)助推了短视频拍摄在草根阶层的兴起,为短视频的普及奠定了基础。但这些短视频平台都是 Web2.0 的产物,受限于当时的智能终端、移动技术、软件技术、计算机算法等条件,短视频只能通过 PC 端上传与观看,无法基于用户个性需求进行视频推送。移动短视频低门槛化的交往特性、泛娱乐化的媒体属性和去中心化的网络赋权均无法实现,因此,这个阶段只能称为前移动短视频阶段。

2013 年,随着 4G 通信技术及智能移动终端的逐渐普及,移动互联社交格局开始成形。第一个基于 Web3.0 移动互联技术的移动短视频应用问世,2013 年成为移动短视频元年。由腾讯开发的微视短视频应用,是移动短视频应用类别的始创者。当年 8 月 28 日,腾讯掌门人马化腾注册微视账号"Pony",上传了一条 8 秒短视频,宣告了基于 Web3.0 移动互联技术的移动短视频应用诞生。直到当年 12 月 5 日,这个账号的粉丝数达到 12.3 万,共上传了 4 条短视频,内容包括腾讯广州新办公室滑梯、全民玩节奏大师、腾讯大厦俯瞰等,最后一条有 72 万次播放量。马化腾亲自为微视短视频代言宣传的行为直接影响了微视短视频应用的传播模式。从问世起,微视虽然利用明星效应,短时间内打通了 QQ、微信、腾讯微博等社交平

---

[1] 周浩.移动社交时代短视频的网络传播价值[J].出版广角,2019(1).

台,在当时引起了连续数日下载量保持在 App Store 前五位,日活跃用户达 4 500 万的现象级表现,但其在明星身上持续耗费重金的运营成本过巨,且缺少以用户为中心的引导,造成微视短视频内容质量参差不齐,黏性不强,微视短视频运营后续乏力。从 2016 年开始,微视被腾讯战略放弃,在此后长达两年的时间里销声匿迹。虽然从 2018 年开始,受宿华的快手和张一鸣的抖音影响,腾讯又启动了对微视短视频的战略规划,但此时的微视已错过了移动短视频应用的野蛮生长期,不再具备头部优势。

综观微视短视频应用的发展历程,我们可以看到,虽然它是移动短视频应用的开创者,从以移动智能终端为端口到内容限定时长 8 秒,决定了 Web3.0 移动短视频的主要技术特点。但是,它以明星等意见领袖的视频为主导,忽略了网民互联网思维和以用户为中心社交属性的挖掘,本质上宣扬的是平台对个人的单向传播。用户在微视里找到的更多是平台视频,而不是有强烈个人属性的视频,更形成不了基于个人属性的弱社交关系网络。在互联网思维植根于网络用户的移动互联社交时代,没有用户的黏性与口碑,微视被淹没于万千应用中。

(二) 秒拍、美拍(移动短视频 2.0 阶段):培养网红的内容传播

与微视爆红后的迅速陨落不同,秒拍、美拍的成长更为平稳。秒拍在 2014 年问世初期,曾效仿微视依托腾讯的明星撬动策略,依托新浪微博大打明星牌。2014 年 8 月,慈善活动冰桶挑战进入国内,众多明星、大佬在微博上接力,72 小时内,就有 122 个明星使用秒拍发布冰桶浇身的视频,最后共计 2 000 名明星参与,秒拍日活跃用户迅速达到 200 万个。但秒拍没有陷入微视请明星代言的怪圈,而是另辟新径,借助新浪微博的草根性,培养网红,通过网红的自身形象、话题营造、持续营销与关系连接,不断吸引草根网民深度参与其中。这其中,短视频初代网红"Papi 酱"的横空出世,可视为这一阶段秒拍传播模式的缩影。2015 年 8 月起,网民"Papi 酱"连续发布了嘴对嘴小咖秀、台湾腔+东北话等一系列秒拍视频。其中,她发布的短视频"男性生存法则第一弹"在微博上获得 2 万多次转发、3 万多次点赞。之后她又推出了日本马桶盖、男女关系吐槽、烂片点评、上海话+英语等系列视频,收获了大量粉丝。受益于培养网红模式的还有美拍。美拍由于视频特效、人像特效等技术优势,更利于培养并吸引网红。从第一代网红 dodolook 开始,美拍网红的吸粉能力不断加强,在其上线 9 个月后,用户量就已突破 1 亿,上线不到一年,日活跃用户数已达 1 431 万。

与移动短视频 1.0 阶段的微视相比,处于移动短视频 2.0 阶段的秒拍与美拍,传播模式的进步在于,不再以明星发布的内容为视频内容主导,而是通过培养草根网红,吸引网民实现自下而上的深度参与,增加了用户的黏性与口碑。这也使秒拍与美拍成功渡过了创业初期,进而抢得了移动短视频流量变现的第一杯羹。

(三) 快手、抖音(移动短视频3.0阶段):以产销者为理念的关系传播

比起秒拍与美拍,快手与抖音只能算后起者,但它们却真正决定了移动短视频泛娱乐化的媒体属性和去中心化的社交属性。

快手早在2011年就问世,但最初其只是用来制作和分享 gif 图片,是与小影等类似的工具类网络应用,用户的使用黏性较差。直到掌门人宿华引入个性化推荐算法,针对每个用户不同喜好推荐内容,强调用户社区的运营,快手才实现了向移动短视频应用的真正转型。加之宿华以喊麦、各种猎奇等泛娱乐化内容为手段,以面向三、四线城市为营销策略,收获了大量底层用户流量。

张一鸣的抖音更是融合了秒拍、美拍等应用创造网红和快手个性化推荐及用户社区运营的经验,将移动短视频低门槛化的交往特性、泛娱乐化的媒体属性和去中心化的网络赋权全部变现。在这款应用上,用户可以看到明星的影响力效应,可以看到基于地域和个性化爱好的热门推荐,还可以看到基于共同属性的用户社区运营。2017年,当快手日活量达到4 000万时,抖音还只有几十万,而到了2018年,快手和抖音已可分庭抗礼,后者还有超越前者之势。

目前,在移动短视频领域,突破1亿日活量水平并保持增长的只有抖音和快手。它们决定了移动短视频的技术特性和社交属性,且开通了直播功能,网红对粉丝的吸引力度进一步加大,用户黏性和口碑持续提升。可以预见,在一段时期内,这两款应用仍是移动短视频领域的头部产品。相比以秒拍与美拍为代表的移动短视频2.0阶段,以快手与抖音为代表的移动短视频3.0阶段,最大的进步在于,内容的生产和消费从顶端向多元化延伸,主导短视频流量的不再是处于顶端的意见领袖,而是用户。他们既是粉丝经济的主力军,又是生产和消费与自身相关内容的产销者。并通过弱社交关系的链接,扩大使用基数,增强使用黏性,获得了移动短视频应用在用户数和日活量上的双丰收。

二、短视频的平台特点

安迪·沃霍尔曾说:"每个人都可能在15分钟内出名。"在传统媒体时代,这是具有理想主义色彩的预言,但在移动互联网时代,这成为现实。随着网络技术从Web2.0向Web3.0演进,移动短视频更加交互的社交属性、垂直化的传播渠道及泛娱乐化的内容,使草根出名的门槛进一步降低,"5分钟就能成为网红"也将引发更为复杂的社会效应。

所谓短视频,成片有几秒到几分钟不等,内容融合了技能分享、幽默搞怪、时尚潮流、社会热点、街头采访、公益教育、广告创意、商业定制等主题。由于内容较短,可以单独成片,也可以成为系列栏目。从《2018年自媒体行业白皮书》中,我们也可以看出,1到3分钟时长、陪伴式、沉浸式的短视频更受用户欢迎,如图8-2所示。

图 8-2 陪伴式、沉浸式的短视频更能打动用户

自 2017 年以来,短视频逐渐成为信息记录传播分享的主要方式,因此,短视频也成为资本的新宠,各大互联网巨头通过投资或升级等形式打造短视频矩阵,纷纷想要在这一战场上分得一杯羹,如图 8-3 和图 8-4 所示。[①]

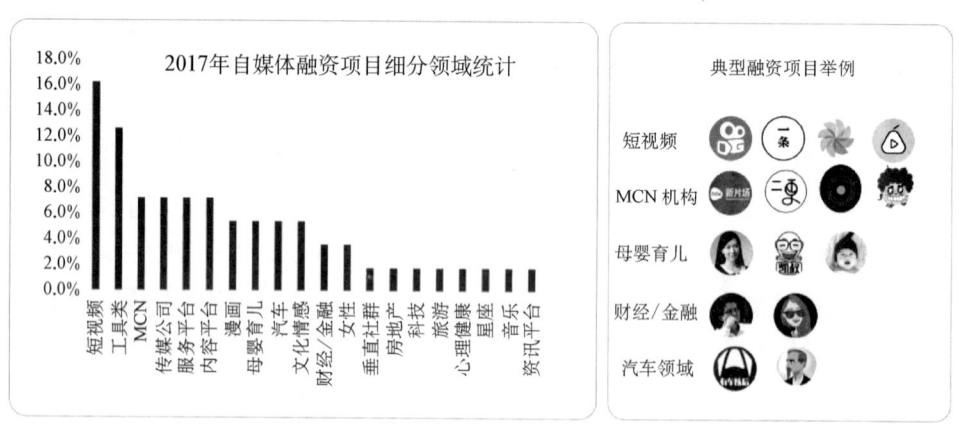

图 8-3 短视频成为资本"新宠"

移动短视频的突出价值是超强的用户黏性。用户通过垂直化的生产、定制,观看短视频内容和直播内容,沉浸在应用体验中。通过弱社交关系的链接,用户的使用基数和黏性融合叠加,使得用户的社交行为被捆绑在应用上。借助这超强的使用黏性,移动短视频应用可在视觉界面优化、操作设计、社区运营维护和关系网络连接上做优服务,提高用户的体验舒适度和使用黏合度,使该类应用在内容平台的基础上,成长为如微信、微博一样的基础性社交平台,进一步加强社会价值的黏合。

---

① 引自《2018 年自媒体行业白皮书》,https://wenku.baidu.com/view/7db142600640be1e650e52ea551810a6f424c843.html。

巨头争相打造短视频矩阵

2017年短视频行业迎来了爆发式增长，各互联网巨头通过投资或升级等形式来打造短视频矩阵

- 战略投资："快手"和原创美食短视频内容生产者"美豆爱厨房"
- 战略规划：孵化100部短视频剧

- 阿里巴巴文娱集团旗下土豆网全面转型为短视频平台

- 百度正式推出短视频APP"好看视频"

- 短视频矩阵：西瓜视频、火山小视频、抖音等

- 新浪微博短视频出口秒拍
- 新浪微博全资收购短视频公司酷燃

- 360发布1分钟短视频应用"快视频APP"

资料来源：网络公开数据

图 8-4　巨头打造短视频矩阵

超强的用户黏性这一属性也使得短视频的盈利来源"粉丝用户"成为主角。短视频平台大多是以网络娱乐内容为载体的平台型产业，优质的 IP 内容成为吸引用户的主要源泉。在国家加大版权保护的大环境下，用户为优质娱乐内容平台付费已成为主要盈利方式，这也正是短视频平台盈利来源区别于其他互联网平台型产业的最大特色。在付费成为短视频平台盈利的主要来源的同时，充分开发 IP 内容的多元化衍生收入，也是短视频平台盈利模式的一大特色，如图 8-5 所示①。

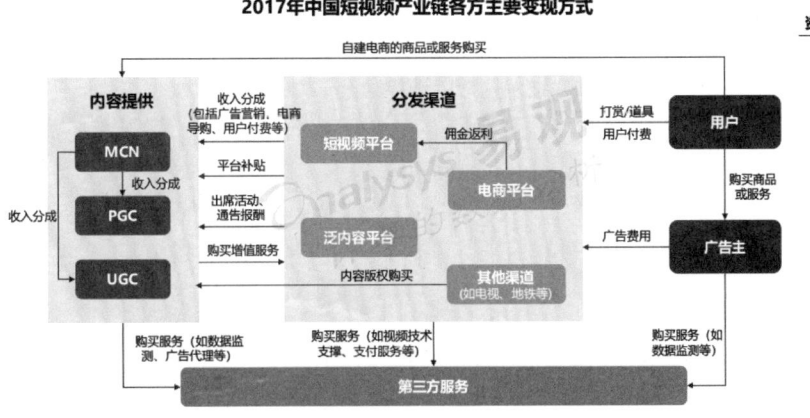

图 8-5　2017 年短视频产业链各方主要变现方式

---

① 引自易观的《中国网络视频市场年度盘点分析 2018》.

目前，我国移动短视频应用遭人诟病的一个重要因素，是泛娱乐化的内容偏多，知识类内容偏少。在国外类似的短视频应用中，医学、财经、母婴等专业知识类短视频垂直内容也拥有一定的受众群体。我国可借鉴国外的相关经验，创造并推荐知识类网红，并通过意见领袖的传播效应，引导用户定制、观看进而生产知识性内容，从而促进知识性内容在视频总量中的占比。移动短视频应用还可利用个性化推荐算法，使知识性内容形成播放总量和定制偏好的良性循环，进一步加强原创价值的转型。

除此之外，新技术的发展也提高了移动视频领域的上线技术，在移动视频领域的应用不是孤立的，而是多元结合。大数据算法分发虚拟现实以及人工智能的大规模技术创新和商业化变革为用户的娱乐体验创造更多可能，打破娱乐边界，如图 8-6 所示。[①] 随着视频与用户的互动智能化将不断深化用户的娱乐生活方式，尤其是即将到来的 5G 时代，会再一次的推动数字化经济进程。互联性更强的 5G 网络为视频的视频生产观看体验互动等，提供基础条件。可以肯定的是，5G 时代的到来一定会带来新的一轮变革。

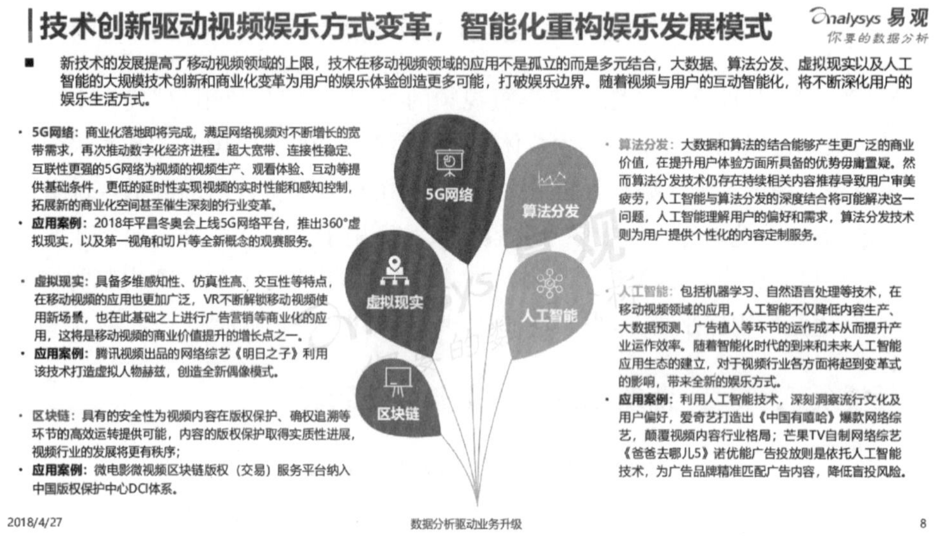

图 8-6　技术创新驱动视频娱乐方式变革

第三节　案例分析

一、"爱奇艺"平台运营分析

爱奇艺创建于 2010 年 4 月，其理念为"悦享品质"，并在技术和产品创新上投入了大量的资金，目的是为了加强了用户的观影体验。

---

① 引自易观的《中国网络视频市场年度盘点分析 2018》。

在我国,视频平台的早期建构模式定位于服务三边市场群体。一边是优质长视频内容供应商(主要来源于传统的国有电视台或民营影视制作公司),通过大量购买其优质影视节目内容(含影视剧)的版权,积累大量视频内容库;然后,在其视频网站上大量免费播放视频内容,吸引第二边市场群体——视频用户,以此累积大量视频用户规模尤其是活跃视频用户规模;最后,以大量的视频用户流量换取广告商的广告投放,形成连接与服务于长视频内容供应商、视频用户、广告商的三边模式,网络广告成为视频平台的主要收入来源。然而,随着视频平台之间同质化现象的日趋严重、竞争力不足、可替代性强、用户黏性不高的问题日渐突出。爱奇艺、优酷、腾讯、搜狐、乐视等视频平台运营商相继开始打造自制网剧、独播剧来提高自身的视频内容竞争力,其从纯粹的网络视频中间平台运营模式逐步向以打造自制优质视频内容为主,结合部分版权购买,主要服务于用户和广告商等双边市场群体的双边视频平台发展。爱奇艺创始人兼CEO龚宇表示:"视频网站页面已经进入后竞争时代,独家内容是竞争的关键,后竞争时代的特点第一个就是原创,这是长治久安的解决粗浅竞争的根本性的解决办法,必须要有自己的原创出品能力,这是关键的。"而文件《2018年自媒体行业白皮书》里的数据再一次印证了龚宇观点的正确性,优质的原创内容确实是聚拢粉丝王牌,如图8-7所示。①

爱奇艺通过优质的原创内容,科学的技术创新,加上强大的资金支持,构建起一套连接人与服务的视频,商业生态引领视频,网站商业模式的多元化发展同时也获得了强大的用户数量。

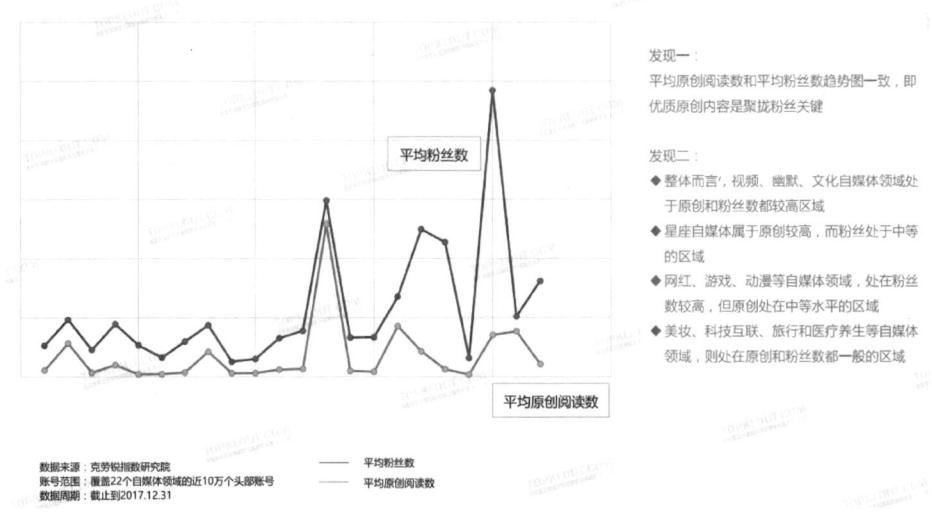

图8-7 内容偏好:优质原创内容是聚拢粉丝王牌

---

① 引自《2018年自媒体行业白皮书》,https://wenku.baidu.com/view/7db142600640be1e650e52ea551810a6f424c843.html.

二、"抖音"平台运营分析

抖音是今日头条旗下一款专注于年轻人的 15 秒创意音乐短视频社交软件,用户可以通过背景音乐选择、动作编排和特效加工创作自己的短视频。抖音在内容运营上表现积极,通过大量的线上活动保持平台用户活跃度,引导用户进行 UGC 内容生产;在内容布局上,遵循音乐短视频社区的调性,以音乐为中心进行内容类别划分,形成平台特色。

要说抖音与短视频之间的关系,短视频一般是指 5 分钟以下的视频短片,具备互动、娱乐、大众、非权威、低门槛等诸多特性。而抖音在短视频产业链中属于独立的内容分发短视频平台。独立短视频平台目前发展现状在内容运营模式上分为 2 种模式:一种是 U 系平台,强调人;另一种是 P 系平台,强调内容。在时长差异上集中分为 3 个时长概念,分别是 15 秒及以下,1 分钟左右和 2—5 分钟。在内容画篇呈现方式上,分为竖屏和横屏模式。而抖音是属于 15 秒及以下竖屏模式的 U 系平台模式的典型代表,以 UGC(User Generated Content)内容为核心,通过扶持少量头部的 PUGC(Professional User Generated Content)内容作为引导,激发用户自发产生内容,并以此维系流量的短视频平台。

2019 年 1 月 18 日下午,中央电视台与抖音短视频举行新闻发布会,正式宣布抖音将成为 2019 年中央电视台《春节联欢晚会》的独家社交媒体传播平台。

QuestMobile 于 1 月 22 日公布的《中国移动互联网 2018 年度大报告》显示,抖音、快手的 DAU(日活跃用户)均已超过优酷爱奇艺腾讯三家,短视频行业已超越在线视频成为仅次于即时通信的第二大行业。在这一领域,抖音和快手的人气高居不下,其中抖音的 MAU(月活跃用户)、DAU 和下载量从 2018 年 4 月起全面超越快手,成为第一大短视频 App。

当然,除了从数据中可以看出抖音的强大,地铁上刷着抖音视频的庞大人群、不绝于耳的魔性歌曲、夹杂各种方言的抖音流行语都在力证抖音短视频的强大影响力。之前的历年春晚与微信、支付宝、微博等平台也都曾有过合作,而今年选择牵手今日头条系的抖音则是春晚首次与 BAT 以外的平台合作。春晚合作伙伴的变更体现出央视对抖音影响力的认同和对其发展前景的看好。

毫无疑问,短视频的出现,改变了我们的生活方式和浏览习惯。此次抖音与春晚的合作相比往年春节期间微博上的话题、热搜更直观、更生动,在引发共鸣、内容感染方面有着天然的优势。

抖音短视频可以将春晚和微博上的段子实体化。用户可以依托 AR、人工智能技术模仿春晚中的搞笑片段。早在 2018 年春节期间的"♯2018 发财舞♯话题"由喜剧演员贾玲在抖音上首发,用户们参与挑战模仿创作。今年二者的深度合作也必将掀起了模仿、表演、分享的狂潮。

抖音 15 秒短视频也可以将春晚上的爆点、金句用短视频的方式呈现,直接进入高潮部分，节约用户时间成本。相应话题的出现，也给用户充分发挥自己才智的机会和空间。抖音短视频具有很强的时效性，也易于传播。依托人工智能技术，人们不用担心后期加工的问题，即拍即分享的模式十分适合大年夜欢快的心情。

不出意外的话，春晚的音乐与抖音火爆BGM也可以"不谋而合"。类似"就这个feel倍儿爽"这种具有网红潜质的歌曲，在抖音火爆之后会加深观众们对春晚的印象，加强对春晚的好感，形成双向互动的正反馈。

此外，除夕当晚，抖音站上"模仿秀"，以全新的方式让用户身临其境感受春晚现场气氛。海外版TikTok也将通过合拍、抢镜等新玩法，为海外华人营造欢乐的春节氛围。亿万海内外用户参与拍摄互动，传递浓浓的节日氛围，记录感动瞬间，彰显中国精神与中国影响，用小屏幕传递大温暖。

抖音短视频内容同质化严重，原创优质的内容相对较少。中国传媒大学电视学院副教授付晓光分析"当一个现象级的短视频作品出现后，基于吸引流量的目的，同类型产品的数量会在一段时间内激增。市场饱和后才会重新启动竞争机制优胜劣汰。"借春晚的这次东风，推动短视频内容更新、质量提升。

这次与春晚合作也是抖音向主流靠拢的一种努力。春晚的影响力和覆盖面是首屈一指的，而抖音拥有庞大的用户基数，并且不断探索用户下沉的渠道。抖音对内要继续与快手抢占市场，对外要谨防微视和微博短视频的窥伺。

本次合作有助于抖音提升短视频内容的整体质量，对于抵制低俗、负能量内容具有很大作用。最大程度调动起全国范围的受众参与，和春晚相互补足用户，导入流量，真正成为国民级的App。

三、"一条"平台运营分析

"一条""二更"是国内较为早出现的短视频制作团队，其内容形式多数以纪录片的形式呈现，内容制作精良，其成功的渠道运营优先开启了短视频变现的商业模式，被各大资本争相追逐。"一条"作为原创短视频的"现象级"产品，其成功之道可归结于为"优质内容＋持续生产＋渠道运营＋推广投入＋一个垂直市场＝一个神奇的故事"。[1]

"一条"作为原创短视频微信公众号，它每天只发一条内容，每一条内容都是原创短视频。2014年刚刚创办的时候只有6个人，从0到100万的粉丝只用了短短的半个月时间。"一条"的创始人徐沪生在访问时说他的粉丝成本可能只用了别人的六分之一，由用户自发转发，不仅用户粉丝获取成本低，而且用户自然增长。创办两年后的2016年，用户粉丝量达到600万，用户规模扩大6倍之多。

之所以"一条"的用户粉丝量在短期内爆发式增长且用户获取成本低，这一现象的背后显然和优质内容及多种社交分发渠道息息相关。

---

[1] 引自徐沪生的"一条"文章——《微信公众号15天粉丝破百万的秘诀》。

首先，优质的原创短视频内容成为"一条"用户快速转发的主要动因。作为内容产品，什么样的内容会成为风潮？其实这并不是靠好看、实用、有趣、温情、励志这样简单的区分，而应该靠这条帖子能不能以内容的高格调体现转发者的境界和品位，这才是内容转发者的主要动因。因为人们在社交媒体上总是把自己构建为自己希望成为的人，每一个帖子都使我们接近自己所期望的形象。"一条"用平面媒体的思维方式来处理视频，组织上删繁就简，内容上干净简洁，调性上把握文化品位。正因如此，"一条"成为风潮。2016年，我国微信公众号已达2 300万个。在内容超级泛滥的微信社交媒体上，"一条"的3分钟温馨视频在夜晚的朋友圈上出现，文字、配音、画面都让人在喧嚣的尘世中安静下来。看毕，便欣然在朋友圈中分享，成为用户使用和转发内容的典型场景。

其次，依靠关键意见领袖（KOL）在社交网络渠道快速分发传播。"一条"产品分为九个大类，每一个都起了很妖娆的名字，"隐世小店""城中潮客""达人厨房""郑在看"等。九大类别就有九个领域，每一个领域都有自己的KOL，创始人徐沪生通过各种关系打入这些领域的KOL群，黄晓明、间丘醇薇等KOL在社交群（微信群或朋友圈）的转发，使其得到了快速的社会化传播。"一条"的用户粉丝量迅速增长。

此外，通过在腾讯精准社交广告平台"广告通"以及视频网站精准投放广告，加强用户传播和用户导入，也是"一条"内容产品短期内快速积累海量用户的重要原因。创始人徐沪生半辈子做杂志及其广告运营，积累了大量人脉并从中获取了千万级别的天使投资。除了招募Lifestyle里的各类达人做优质栏目内容之外，花钱做广告，抢占内容产品生存的时间速度"致高点"，也是其成功的基础之一。为了让广告投放费用收到用户传播的实效，徐沪生的"广告通"方案根据每天的用户反馈数据修改了100多遍。

通过"广告通"以及主流视频网站等用户导入渠道，"一条"公众号的九个领域的原创视频内容，震盖整个Lifestyle原创短视频内容领域。九个领域的用户流量累计相加，快速积累起庞大的用户基数。

需要指出的是移动互联网产品在用户运营过程中，只有将移动社交化的用户分发渠道与用户最便捷的时间、空间和场景等应用场景有机结合起来，才能达到有的放矢的用户精准投送效果。一些媒体公众号发布的几分钟语音版的新闻早餐一般在早上六七点推出，"一条""二更"和"十点读书"等微信公众号一般在夜晚的朋友圈中推出。

综上所述，短视频可以让内容立体呈现，拥有比文字图片的内容形式更强的吸引力。对于新媒体运营者来说，只有全面把握各种社交化的短视频平台，才能更好地将内容呈现给用户，深入用户的内心。

第九章 App 的运营与管理

App 是指安装在手机上的软件,用于完善原始系统的不足与个性化。截至 2018 年 12 月,我国市场上监测到的移动应用程序(App)在架数量为 449 万款,如图 9-1。① 其中,我国本土第三方应用商店移动应用数量超过 268 万款,占比为 59.7%,苹果商店(中国区)移动应用数量约 181 万款,占比为 40.3%。数据显示这之中游戏类应用数量约 138 万款,占比达 30.7%,生活服务类应用规模达 54.2 万款,排名第二,占比为 12.1%,电子商务类应用位于第三规模为 42.1 万款,占比为 9.4%,如图 9-2。②

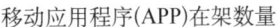移动应用程序(APP)在架数量 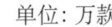单位:万款

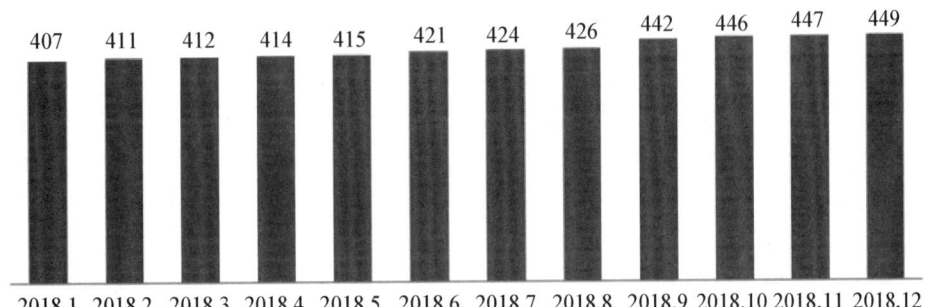

来源:工业和信息化部　　　　　　　　　　　　　　　　　　　　　　　　　　2018.12

图 9-1　移动应用程序(App)在架数量

而通过报表显示,截至 2018 年 11 月,15—19 岁年龄段网民人均手机 App 数量最多达到 59 个,其次为 20—29 岁,网民人均手机 App 数量为 45 个,20 岁之后网民人均手机 App 数量随年龄增长逐步减少,60 岁及以上网民人均手机 App 数量为 28 个。③ 截至 2018 年 12 月,即时通信用户规模达 7.92 1 920 17 年底增长 7 149 万,占网民整体的 95.6%,手机即时通信用户达 7.80 亿,较 2017 年底增长 8 670 万,占手机

---

① 数据来自工信部网站《通信业主要指标完成情况报表》.
② 数据来自工信部网站《通信业主要指标完成情况报表》.
③ 引自 CNNIC 第 43 次《中国互联网络发展状况统计报告》.

网民的 95.5%。[①]

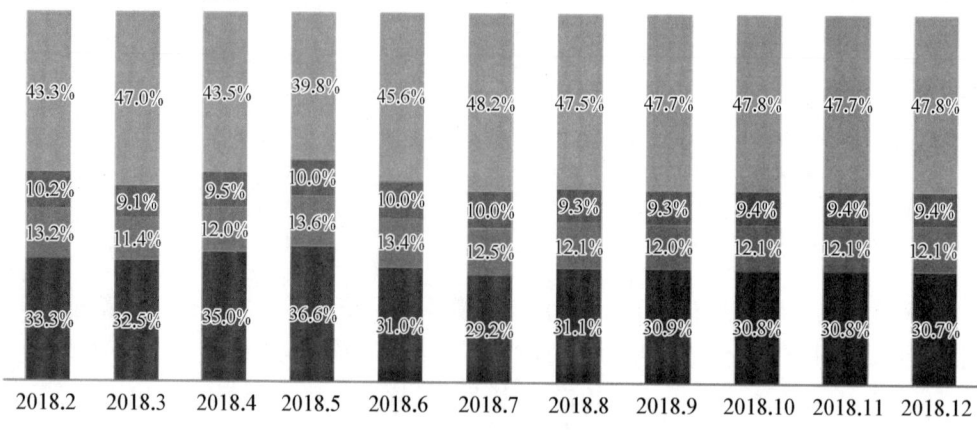

图 9-2　移动应用程序（App）分类占比

表 9-1　2017.12—2018.12 月手机网民各类手机互联网应用的使用率

应用	2017.12		2018.12		
	用户规模（万）	手机网民使用率	用户规模（万）	手机网民使用率	年增长率
手机即时通信	69 359	92.2%	78 029	95.5%	12.5%
手机搜索	62 398	82.9%	65 396	80.0%	4.8%
手机网络新闻	61 959	82.3%	65 286	79.9%	5.4%
手机网络购物	50 563	67.2%	59 191	72.5%	17.1%
手机网络视频	54 857	72.9%	58 958	72.2%	7.5%
手机网上支付	52 703	70.0%	58 339	71.4%	10.7%
手机网络音乐	51 173	68.0%	55 296	67.7%	8.1%
手机网络游戏	40 710	54.1%	45 879	56.2%	12.7%
手机网络文学	34 352	45.6%	41 017	50.2%	19.4%
手机旅行预订	33 961	45.1%	40 032	49.0%	17.9%
手机网上订外卖	32 229	42.8%	39 708	48.6%	23.2%
手机在线教育课程	11 890	15.8%	19 416	23.8%	63.3%

App 改变了我们的生活，那么，从用户的角度转到运营者的角度来看，我们该如何打造让用户离不开的 App？

[①] 引自 CNNIC 第 43 次《中国互联网络发展状况统计报告》.

第一节　App 运营的目的

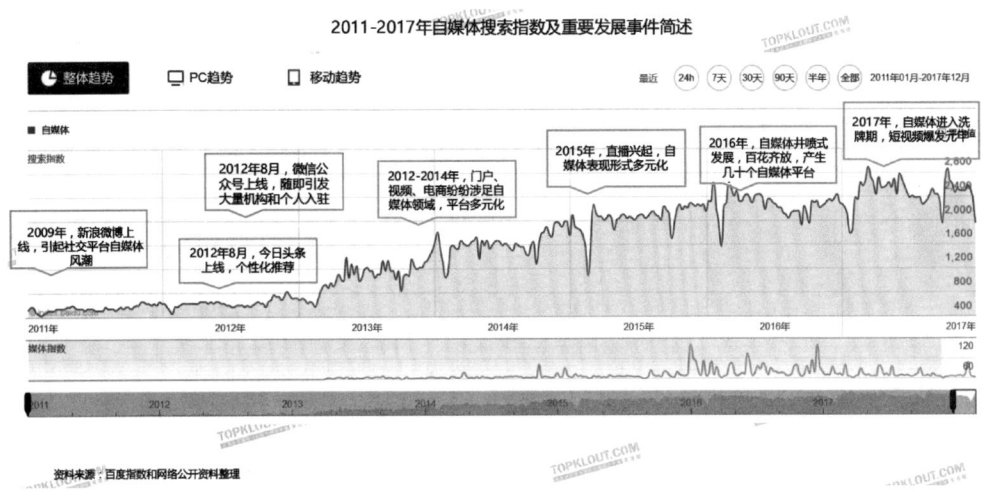

图 9-3　2011—2017 年自媒体搜索指数及重要发展事件简述

从 2011—2017 年自媒体搜索指数及重要发展事件简述来看（如图 9-3），[①]不难发现，不仅是微博、微信，App 运营者同样在思考如何增加用户黏性，也提出了很多观点，比如，外观设计新颖、注重功能简捷、高质量的内容、专注解决问题、与用户积极互动、鼓励用户参与、将手机 App 与智能硬件结合……但其实总结而言，主要集中在以下几点。

1. 形成用户的正反馈

据报道，在 100 家死亡的 App 里，社交类占了 35%，是死亡率最高的类别。这恰恰印证了形成用户的正反馈对 App 生命周期影响巨大。

正反馈就是网络效应。罗尔夫斯在 1974 年研究电话网络时发现，"一个用户从通信服务所获得的效用随着加入该一系统的人数而增加"。进入 20 世纪 80 年代后，卡获和夏皮罗以及许多经济学家把这种现象术语化为网络外部性或网络效应，即用户消费（使用）一种产品所获得的效用随着使用该产品的用户人数而增加时，就存在网络效应。网络效应的概念揭示了用户数量与产品价值之间的正反馈关系，即随着购买和使用同一种产品的用户人数增加，该产品的价值上升；反讨来，产品价值的上升可以进一步吸引更多用户。

可以说社交类 App 的价值在于用户量的多少，用户越多，就能吸引更多的用户使用它；反之则会导致用户迅速流失，即 App"死亡"。一个社交类 App 如果在初期

---

① 引自《2018 年自媒体行业白皮书》，https://wenku.baidu.com/view/7db142600640be1e650e52ea551810a6f424c843.html。

难以聚拢较多的用户,往往就会迅速衰退。因此,对于社交类 App 来说,初期进行快速扩张极为重要。只有用户数量达到某个临界点之后,用户才能迅速增加,并最终趋于稳定。其实,不具是社交类 App,其他具有社交功能的 App 也遵循这一原理。了解了这一点,就可以知道,在此类 App 上市的最初期,采用有效的市场推广手段,快速吸引用户,要比其他类型的 App 更为重要。

2. 增加用户的参与感

黎万强在《参与感:小米口碑营销内部手册》一书中把参与感放到了互联网思维的第一位。该书的序言中写道:"创办小米的时候,我的想法就是,不管公司未来能做多大,我们一定要把小米办成一个像小餐馆一样,能让用户参与进来的公司。老板跟每个来吃饭的客人都是朋友。这种朋友的方式,才是可以长期持续发展的方式。"①

在小米研发的开始,他们就采用论坛的模式,让发烧友参与到操作系统的研发中,然后才推出集合网友智慧的操作系统,最后推出手机。参与感在这个过程中占据了核心的地位,是这种手段聚拢了无数的网友,从而建立了一个快速成长的品牌。这个过程的本质就是开放,让产品的研发不再是保密,而是开放给所有人。让用户参与到产品的研发中,恰恰能激发用户表达自己、改变和影响世界的原始欲望。同时,这种集中网友智慧形成的产品,也往往会克服创业者对产品和市场的想当然,避免盲目开发。

3. 专注解决问题

如果说正反馈更多考虑的是市场的快速扩张,参与感是从产品的研发过程来考虑的,那么还有一点就是要从产品的升级和更新换代出发。

很多 App 在开发之初往往功能很单一,专注于解决某一问题。但很快这个就不再是解决用户的问题,而是给用户制造问题。很多网友都有过这样的经历。本来 App 挺好用的,结果一升级,增加的功能却造成困扰。

给产品升级,增加产品的功能不能盲目进行。产品开发要专注于解决用户的问题,升级的目的也是如此。比如,墨迹天气,在最初只是一个简单的天气预报 App,在后来的升级中,添加了社交和互动的功能,但这个社交的功能不是盲目的,而是基于产品自身设计的。墨迹天气鼓励网友自拍周边的景色(即天气状况),上传到 App 服务器,与大家分享。这样的功能升级不但不会引人反感,反而会引起用户的兴趣,也正因此,在 App 的开发和后续的升级中,一定要铭记初衷"这款 App 是要给用户解决什么问题",任何新业务、新功能的开发都要围绕这一点来进行,不要舍本求末。

---

① 黎万强.参与感:小米口碑营销内部手册[M].中信出版社,2014:

第二节　App 内容与产品的重要性

新科技是好内容的靓丽外衣,甚至会融入内容的血肉,但如果没有内容,那么新科技撑起的可能只是好看不好用的花架子。

App 是英文 application 的简称,意为应用程序。随着智能手机的流行和普及,这种叫 App 的小东西改变了人们衣食住行的方方面面。苹果应用商店成立 5 年,推出近 89 万款 App,下载量也突破 500 亿次。

然而,另外两组数据则很让 App 很尴尬,BBC 在苹果应用商店成立 5 周年这一天报道显示:德国一家服务调查公司称,苹果应用商店里充满了很多"僵尸"应用程序,超过 2/3 的应用程序几乎没有人下载;美国民调机构皮尤研究中心的报告也显示、约 68% 的智能手机用户每周使用 5 个以下应用程序,很多人购买应用是因为"冲动",常常是购买后很快就失去了兴趣。

那么,经久不衰、受客户欢迎的 App 有哪些? 相关调查显示,有些是社交应用工具,比如图片分享社交应用、微博、微信等;有些是生活服务类应用软件,比如地图导航、美食检索等。此外,还有电子书、音乐应用等。

不难发现,受欢迎的 App 大多都有过硬的内容。当然,这里的"内容"并不只是传统意义上的"白纸黑字"。在 App 时代,其"内容"还包括音乐、视频、好的游戏设计,社交媒体应用里朋友分享的信息,以及可以随时调用的资源库等。

一些社交媒体应用其至提出"将广告变成内容",因为他们认为相对于大篇幅的广告,用户更关心的是明星照片或者是来自朋友的一句问候——这就是"内容"的魅力。

当然,也不乏反对的意见:在信息泛滥的年代,优质内容的价值急剧降低。一些新闻客户端即使没有原创内容,也能轻松获得千万订阅——内容为王应该改为渠道为王、服务为王,甚至只要把 App 做到好看时髦就行。

实践证明,越是信息过剩、同质化严重,优质独特的内容就越显稀缺。没有内容,再绚丽的平台设计和体贴的服务体验也只是昙花一现。要延长 App 的生命周期,最终还是要回归到内容本身。

当然设计、分享、个性化会让内容更加闪闪发光。因此,如何让内容在 App 平台上展现得更好,也是运营者需要考虑的问题。

内容的个性化,也越来越成为趋势,用户可以挑选喜欢的内容模块,比如微博、天气等,将这些内容进行整合,自动排版成一本"个性"杂志,让用户阅读自己挑选的独家内容。在数据更公开、算法更迅速的未来,经过大数据分析的 App 能够"揣摩"用户内心,分析个人的兴趣所在,从而为用户量身定做 App 内容。不管怎么说,App 时代依旧是内容为王。

一、App 的内容运营

新媒体时代,广义的内容运营,既包括纯粹的媒体内容产品(如门户网站、搜索网站、网络论坛、网络社区、媒体微博账号、媒体微信公众号、新闻客户端),也包括电商网站、企业网站、政府网站通过互联网渠道推荐新产品或发布新公告的相关内容信息。

在新媒体时代下,纯粹的媒体内容产品虽然种类繁多,但主要有五大类。[①]

一是微博、微信等初始社交平台的诞生,催生了"万众皆媒"的自媒体内容产品,主要以凭借拥有巨大用户数量的媒体平台提供的工具(微博、微信公众号、百度贴吧、直播平台等)而开设的大众性自媒体产品为主,包括专业媒体机构开发运营的机构自媒体号,也包括大量个人、企业、政府设立并对外开放的自媒体号,如个人、企业、传统媒体机构甚至政府机构开设的微博账号、微信公众号、百度贴吧、头条号、直播平台账号等。大部分为非专业的自媒体号,大多采用 UGC 模式(UGC 全称为 User Generated Content,指用户原创内容)。[②] 从规模上看,投入自媒体内容生产的群体数量不断增长。

二是专业媒体机构开发运营的内容 App。传统媒体开发运营的新闻客户端,如人民网客户端、新华网客户端、海洋新闻客户端;门户网站开发运营的新闻客户端,如新浪、网易、腾讯等门户网站开发运营的新闻客户端;网络综艺节目 App、音频 App 和视频 App、直播 App,其内容生产模式以 PGC(专业内容机构生产内容)模式为主。

三是以专业机构媒体机构和自媒体号的内容为"水源"的平台型移动 App 内容产品,如今日头条、一点资讯等等新闻客户端,以及 QQ 音乐、YY、斗鱼直播平台等等,其内容生产模式是 UGC+PGC 模式,如图 9-4 所示。[③]

四是从用户规模上巨大的平台型移动 App 独立出来的新型自媒体号,如头条号、一点号、大鱼号等等。

五是其他垂直细分类社区型内容产品,如知乎等。

上述类型的内容产品从生产方式来看,主要包括 PGC、UGC 和 OGC (occupationally-generated content,职业生产内容,如机器新闻、VR 新闻、传感器新闻等)模式,以及组合式内容产品生产模式,如 UGC+PGC 模式。

互联网内容产品的类型,从具体的产品构成形态来看,主要包括三个层次。

一是外在的形式内容产品,亦即内容产品的外在呈现形式(文字、图片、图文并茂、短视频、语音播报、直播互动、H5、VR/AR 等),是用户对内容产品需求和体验的首要因素,也是新媒体内容产品吸引用户的首要元素。

[①] 刘友芝.新媒体运营[M].中国人民大学出版社,2016:104.
[②] 引自中国干部学习网《UGC 时代电视媒体的被动与主动》.
[③] 引自《2018 年自媒体行业白皮书》,https://wenku.baidu.com/view/7db142600640be1e650e52ea551810a6f424c843.html.

内容偏好：用户"反客为主"高度激活UGC潜能

图 9-4 内容偏好，激活 UGC 潜能

二是内在的核心内容产品。如自媒体号、内容产品的内在题材（娱乐、时政、财经、生活等）、体裁（消息、通讯、特写、专访、分析评论等）等。体裁及内容质量的原创性、专业性、垂直性是吸引用户的深层次元素。对于平台型内容产品而言，内容数量和内容质量两大因素，共同影响用户对其平台内容产品的选择。

三是衍生的内容服务产品。在新的媒体生态之下，用户对媒体的关注度和黏性，将不再仅仅依赖于媒体提供的讯息，而更多地取决于媒体对用户提供的衍生内容服务产品体系，主要包括两大类：一大类是为用户提供便捷传播的基本服务，如为用户提供社交化、社区化、社群化和个性化推送服务；另一大类是为用户提供贴心的个性化内容解读或预测服务，这是内容产品服务的高级形态。当下我国互联网内容产品争夺用户的服务竞争焦点，主要体现于第一类，IT类互联网技术公司占据竞争优势；而第二类将是未来媒体竞争的主要方向，理论上，传统媒体在提供这类服务性内容产品时占有潜在竞争优势，是传统媒体互联网转型的新方向。

综上所述，一个 App 的诞生直至发展，至少要经以下几个步骤。

1. 拆解方针

运营者面对一个 App 软件，需要首先进行理性分析，包括：App 的需求，经过内容运营的方法能做哪几个方面的事，作用分别是什么，在 App 软件全体方针的比例是多少。

2. 内容定位

经过 App 软件定位用户，经过用户定位断定内容定位，不一样的用户群体，对应不一样的内容。

3. 内容标准化

UGC 类 App 软件的内容是用户创造的,但需要将内容标准化,然后构成良性循环。UGC 全称为 User Generated Content,也就是用户生成内容的意思。

4. 专题策划

专题策划即内容修改和策划。

5. 多纬度结合内容

App 软件会按照某个方法展示内容,运营需求给出更多纬度的结合内容,如话题广场、被赞最多、豆列等方法。

6. 惯例内容品牌化

有些每日或每周在做的惯例内容,如每日猜电影、每周电影风向标等,可以提高用户对品牌的认知,同时提升用户阅读内容的时刻预期。

7. 内容输出

将 App 软件内的优异内容输出至站外,对 App 软件品牌和奉献优异内容的用户都是有好处的,如知乎日报、一刻等。

8. 对优异内容产出用户的保护

能发生优异内容的用户是较小的一部分,应该有专人做定向的平时保护、交流和鼓励这些也要归到运营者的作业内容。

9. 数据剖析

一切内容运营做的事,都是为了最终的收益,所以对内容推出去之后的数据反馈分析很重要。哪怕只是一个专题帖的 UV 数据,重视和剖析这些数据,进而做继续的优化。

二、App 的产品运营

(一) 产品上线前期

产品运营首先要搞清楚产品的定位和目标用户。产品定位和目标用户决定了产品要解决什么问题和产品的风格,同时会影响后运营的策略。毕竟,产品往往只是解决固定人群的需求,而不是满足普遍的需求。弄清转产品定位和目标用户,运营应该参与到产品设计、开发的过程中,同时提供一些产品测试等支持。在这个阶段,产品和运营应当配合默契,制定好符合产品的上线计划。

(二) 产品内测期

在产品内测期,产品运营的主要目的在于收集用户行为数据和相关的问题反馈,与产品策划一起分析讨论进行产品优化。主要关注数据有:页面路径转化、按钮点击、启动次数、启动时间段、停留时长等。这个阶段的数据量不求大,但求真实。而产品用户的主要来源就是产品团队邀请的身边的人,以及渠道首发的自然新增用户。

（三）产品爆发期

在产品本身性能以及体验没有问题以后，就是产品开始大规模推广的重要时期。推广期的主要目的在于扩大影响、吸收用户。这个阶段首先要做的是错量，覆盖各大渠道。如果预算足够，可以适当进行一些渠道的投放。

（四）产品成熟期

在产品成熟期已经有庞大的用户基数，数据表现上也度过了高度增长的阶段，在相对稳定的范围内产生波动。在这个阶段，产品运营的主要目标就是通过各种活动运营、增值服务创造营收。主要关注的数据有：付费用户数、付费金额、付费路径转化、ARPU等。当然，在KPI的压力下，活动频度和力度也相应加大稳定期对产品的重大意义就是小版本的迭代更新。产品运营就要做好产品策划和用户之间的桥梁作用。

第三节　案例分析

App的营销除去技术流，就是内容流。拥有量级用户的App在内容营销上更显得尤为谨慎。但是不管初衷如何，往往结果出乎意料。以下是著名的App整体设计案例分析，希望可以给大家一些有益的启示。

一、知乎：知识分享类移动应用

知乎网站于2010年12月上线，过去采用邀请制注册方式，2013年3月起向公众开放注册。知乎的移动端产品主要沿袭了网站的社交形式，但重新加入了更符合移动端的交互功能，并推出媒体属性更强的独立产品知乎日报，为用户提供更多的知识服务，不断挖掘用户需求。

（一）用户定位

知乎的用户以各行各业的专业人士为主，也有想要通过知乎来学习的非专业人士，整体社交氛围相对专业与理性。

（二）功能定位

其他功能，提问、回答、写文章、发现、话题广场（推荐&热门）、圆桌（对话题的深度讨论）；高级功能，关注、收藏；新功能，值乎（付费问答）、知乎Live（付费主题分享活动）、知乎书店（电子书推荐及付费下载）、知乎日报（不同主题下的文章推荐）。根据用户选择的兴趣板块，每天推荐几十条高质量的问题解答。

（三）用户体验和核心优势

(1) 拥有具有专业知识与愿意分享的精英用户群体,社区互动质量较高。

(2) 具有更加多样的产品形态,以知识社交为核心向知识服务延伸;产品迭代与布局日益清晰,不断从内容价值上挖掘用户需求,为不同人群带来优质用户体验。

(3) 深入探索优质内容付费模式,拓展商业价值。

（四）产品运营的效果

知乎有两个典型的周期性活动,其中一个是"我的知乎"系列,从2012年开始,几乎在每年末推出"我的知乎"年度总结,该页面支持分享到微信朋友圈,这一系列使得用户可以进行自我宣传,从而吸引潜在用户的关注,以此刺激知乎新用户数量的增长,另一个则是"知乎圆桌"活动,"知乎圆桌"于2014年推出,以知乎为平台,集结某一专业领域的优质嘉宾,在集中的一段时期,对某一方面内容进行行业性、专业性、结构化的讨论,知乎希望以"知乎圆桌"这一形式,让传统的嘉宾讨论在互联网上更好的展开,目前知乎圆桌已经举办了多场活动,涉及经济、文化、互联网生活等多个方面。

截至2018年8月底,知乎注册用户数已破2亿。根据知乎官方数据,相比2017年底的1.2亿用户,其在2018年前三个季度的用户增长已突破8000万,基数扩大的同时保持了高速增长。在最新的E轮融资中,知乎将自身定位于全民知识内容平台,旨在为数亿中国互联网网民轻松获得可信赖的解答。数据显示,知乎在保持内容高质量的同时,触达和影响了更多大众用户。

二、唱吧:音乐社交类移动应用

唱吧是2012年推出的一款以娱乐K歌为主要功能的音乐社交移动应用。

（一）用户定位

用户以20—25岁更关注音乐与娱乐的人群为主。通过才艺的展示和互动,唱吧平台上已经出现了多位红人,甚至形成了其自身的粉丝群体。

（二）功能定位

(1) 基础功能:唱歌、精彩表演、热门榜单、歌单。

(2) 进阶功能:在线KTV、合唱、直播、留声。

(3) 社交功能:附近的人、群组、热门比赛、聊天、虚拟礼物。

(4) 延伸功能:唱吧商城、游戏中心、唱吧直播间、麦颂KTV。

（三）用户体验和核心优势

产品设计通过多种音效全面优化K歌体验,用户可以录制自己专属的MV,

用户可以和喜欢的明星、网友视频合唱,通过留声卡可以把歌声送给朋友作为祝福。支持录歌上传至微博、微信、QQ 等社交平台,使更多人在唱吧平台上以歌会友。同时围绕音乐产业,唱吧一方面与《中国新歌声》《超级女声》《我想和你唱》《蒙面歌王》等综艺节目合作,另一方面从上游的红人包装与音乐内容制作到下游的线下 KTV 进行全面的布局,形成独特的音乐社交生态,其拥有多年积累的用户基础与较好的用户社交黏性。唱吧在 K 歌与社交两个方向的产品功能创新能力强,新玩法为用户不断带来惊喜;在自身的 K 歌主功能方面,对音效、合成速度、音乐流畅度等的提升,使用户在唱歌和分享作品方面的体验越来越好;拥有大量的音乐达人及其粉丝经济新方向;深耕音乐产业与社交的结合,具有清晰的布局。

(四)产品运营的效果

比达咨询(BDR)数据中心最新监测数据显示,2017 年 4 月移动 K 歌类 App 月活跃用户数方面,全民 K 歌排名第一,月活跃用户数达 5 053.3 万人,排名第二位的是唱吧,月活跃用户数达 4 188.3 万人。

综上所述,产品上线之前的孕育期运营,是指用户新需求驱动的总体产品设计阶段。主要包括以用户新需求为导向的产品决策、功能设计和用户体验设计等新产品上线之前的三大系列准备工作和过程。

新产品上线之前的孕育期运营效果,最终取决于新产品的新功能设计这一关键环节取得的

(五)未来的发展机会

1. 产业链方向

借助目前的优势,整体打通在线音乐行业的产业链,借助泛娱乐行业生态链逐渐形成的机会,从演出、二次元、影视、文学等方面入手,结合造星计划,扩大自身 PGC 内容的生产量。形成自身资源优势的同时,增加进行版权交换的筹码。借助粉丝经济,培养用户付费意愿。

用户方面:当前 EDM 音乐火热,打造 EDM 专区,可引进电音 DJ,入驻平台。

运营方面:例如:举办"三生三世,歌曲献唱活动",鼓励用户上传原创作品,打造唱吧歌星和优质歌曲。

2. 音乐版权问题

(1)与中国音乐集团等音乐公司合作,形成版权互换模式。

(2)唱吧目前支持用户借助唱吧,将本地歌曲转化为伴奏,但伴奏本身也存在版权归属的问题。因此唱吧应尽快解决该问题。

3. 产品形态

丰富用户收听场景:

(1) 支持歌星推荐,通过标签为用户建立歌星推荐清单。
(2) 推出在线听歌免流量服务,将唱吧转化为随处可用的音乐平台。

4. 增加变现模式

丰富用户付费场景,培养用户付费习惯。
(1) 推出高音质伴奏,付费下载功能。
(2) 推出收费单曲功能。
(3) 推出用户自制专辑,付费收听功能。

增加会员的服务项:
(1) 将与唱K和听歌有关的优质功能,转为会员服务项。
(2) 会员服务进行细分,针对不同级别的会员,提供不同深度的服务套餐。

5. 利用粉丝经济,扩大自身影响力

借助热点事件、IP、明星、影视剧,利用粉丝效应扩大自身影响力。

产品方面:增加众筹功能,为明星用户,开启专辑或单曲打造的众筹活动。

运营方面:例如,举办"你唱歌我投资活动",用户每唱一首歌,满足条件后,唱吧将投资支持某影视剧或明星的演唱会等。

三、陌陌:基于位置服务的社交类移动应用

陌陌是一款以LBS+陌生人为基础,贯穿移动用户兴趣社交场景的移动应用。LBS指的是基于位置的服务,是指通过电信移动运营商的无线电通信网络或外部定位方式,获取移动终端用户的位置信息,在GIS平台的支持下,为用户提供相应服务的一种增值业务。

陌陌自2011年推出以来,经过5年发展,已经逐渐发展成为国内领先的以LBS为最主要特色的移动社交平台。陌陌以为陌生人之间提供基于地理位置的交流平台,围绕用户社交需求提供服务为核心,打造了中国移动社交网络中具有自身特色的产品模式,吸引大量用户,尤其是年轻人的使用,积累了良好的用户基础,保持了较好的用户黏性,并在此基础上拓展了移动社交产品的商业模式。2014年12月,陌陌在纳斯达克正式挂牌上市。2016年3月25日,移动社交平台陌陌推出网页版,布局更多社交场景,覆盖更多领域。

陌陌基于自身的特色和优势,在商业模式方面的探索具有较为完善的布局和整体思考,如图9-5所示。目前陌陌已经在直播、移动营销、会员订阅服务、游戏等服务上形成了较为成熟的发展模式,其中直播与移动营销为陌陌的营收贡献最大,根据陌陌财报显示,2016年,陌陌直播业务营收占比接近60%。随着视频社交发展的深入,基于视频形式与地理位置信息的场景应用将更加丰富,移动营销价值也将得到进一步挖掘。

陌陌拥有自己独立的广告平台,其好处是:① 可以精准定位与投放;② 将视频广告做成发力重点,如图9-6所示。自2015年推出信息流原生广告平台之后,陌陌

一直在移动营销领域不断深挖，2016 年 4 月正式发布广告程序化交易平台，结合自身特点以 LBS 为切入点为广告主提供更多渠道，推出了不同的广告形式与广告产品，不断创新营销模式。

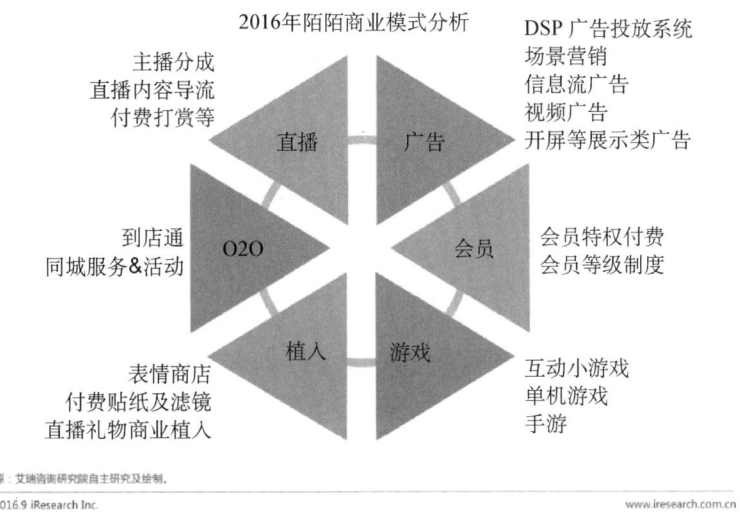

图 9－5　2016 年陌陌商业模式分析

陌陌自有广告平台特色分析

陌陌广告精准投放方式	陌陌主要广告形式	陌陌广告平台主要特点
1、常规定向； 2、LBS定向； 3、POI定向。	1、信息流广告： 应用推广、动态、落地页 2、视频广告； 3、到店通； 4、开屏广告； 5、植入广告	1、根据推广需要灵活定向，投资回报较高； 2、原生广告创意与互动性更强； 3、每组广告可多创意展现，根据用户素材偏好，不断优化推广效果； 4、对接开放平台，监测数据透明，便于广告主及时调整营销策略。

主流社交网络自有广告平台对比分析

广告平台	售卖方式	用户数据维度特征	广告形式	展现形式
广点通	CPM	基于用户属性与行为	品牌广告/原生广告 广告位类型丰富 例：朋友圈广告、查看详情、H5等	图片、文字、视频
微博粉丝通	CPM/CPE	基于用户关系与兴趣	品牌广告/原生广告 广告位类型丰富 例：粉丝头条、品牌速递等	图片、文字、视频
陌陌	CPM/CPC/CPD	基于用户属性与地理位置	品牌广告/原生广告 广告位与产品功能相结合 例：信息流、到店通、直播植入	图片、文字 视频、直播

来源：艾瑞咨询研究院自主研究及绘制。
©2016.9 iResearch Inc.　www.iresearch.com.cn

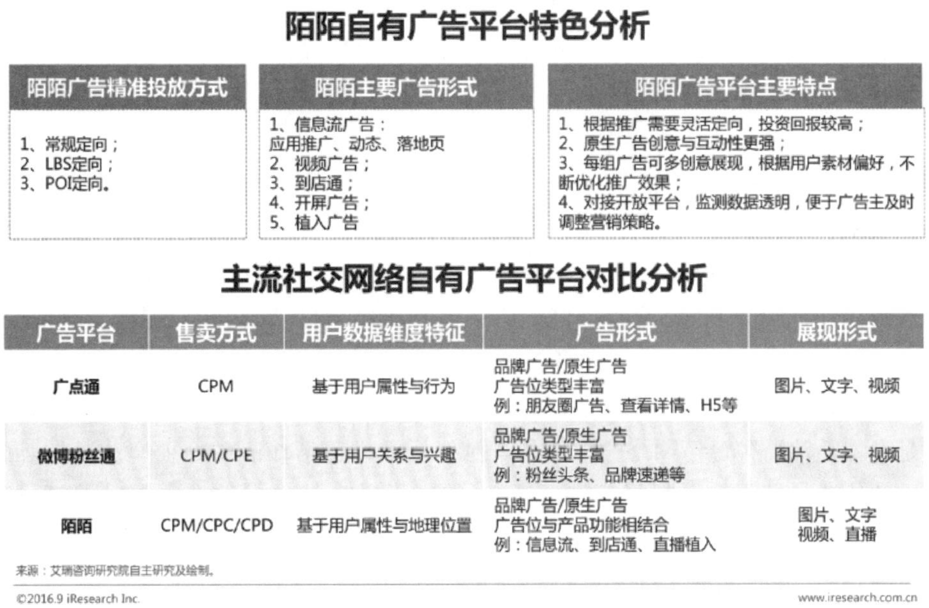

图 9－6　2016 年陌陌平台特点分析

此外，众所周知，陌陌被称为神器，其实这个名号也是一种推广的手段。透过表象，你会发现陌陌是稳稳抓住了陌生人社交的这个痛点，再加上得力的推广，迅速积累大量的用户。但是，陌陌给自己的定位并非一个简单的社交应用，其积累一定量的用户之后，快速转型做游戏分发平台，进一步扩大应用以便吸引更多用户。

第十章 新媒体失范和监管体系

第一节 关于新媒体失范

2017年3月,全国"扫黄打非"办公室做出部署,要求各地"扫黄打非"部门从3月至11月,认真组织开展"净网2017""护苗2017""秋风2017"等专项行动,针对重点领域存在的淫秽色情信息、非法有害少儿出版物及"三假"等突出问题,进行集中整治,严厉打击不法行为,持续净化文化市场环境。办公室强调,开展"净网2017"专项行动,将聚焦网络直播平台、"两微一端"、弹窗广告及网络文学作品等四个领域,严打制售传播淫秽色情信息行为,并督促网络企业落实主体责任。

一是专项整治违法违规网络直播平台。督促网络直播平台企业落实、完善内容审核等机制,督促云服务企业、支付平台强化审核;对问题严重或无证经营的网络直播平台,坚决关停网站并下架App。二是专项整治"两微一端"。重点整治通过微博、微信、QQ、新闻客户端等网络平台传播淫秽视频、图片、小说、云盘账号等行为;督促微博、微信、QQ等社交平台健全应急处置机制,督促新闻客户端运营企业完善评价机制,改变以点击量为主的考核体系,引导编辑传播正能量。三是专项整治非法弹窗广告。严厉查处以低俗、色情图片和视频诱导网民点击、推广色情网站行为。四是专项整治淫秽色情网络文学作品。对传播淫秽色情作品的企业坚决处罚,问题严重的依法吊销网络出版服务许可证;对传播淫秽色情作品的个人,涉嫌犯罪的坚决查处。[1]

2017年以来,政府主管部门对于视频内容频频出手,通过监管消除市场竞争带来的负外部性,2018年3月按照国务院机构改革方案组建了新的国家广播电视总局负责广播电视机网络视听业务的监管审核,如图10-1。[2] 而从《2018年自媒体行业白皮书》中,我们也可以看出,除了"净网2017"等专项行动的开展之外,国家新闻出

---

[1] 引自人民网《2017"净网""护苗""秋风"专项行动全面展开》.
[2] 引自易观《中国网络视频市场年度盘点分析2018》.

版广电总局的责令整改。国家网信办颁发《新规》《细则》,自媒体大号被封号(如图 10-2)①等等措施的落实,等显示了新媒体失范现象的严重危害,因此相关监管手段的指定刻不容缓。

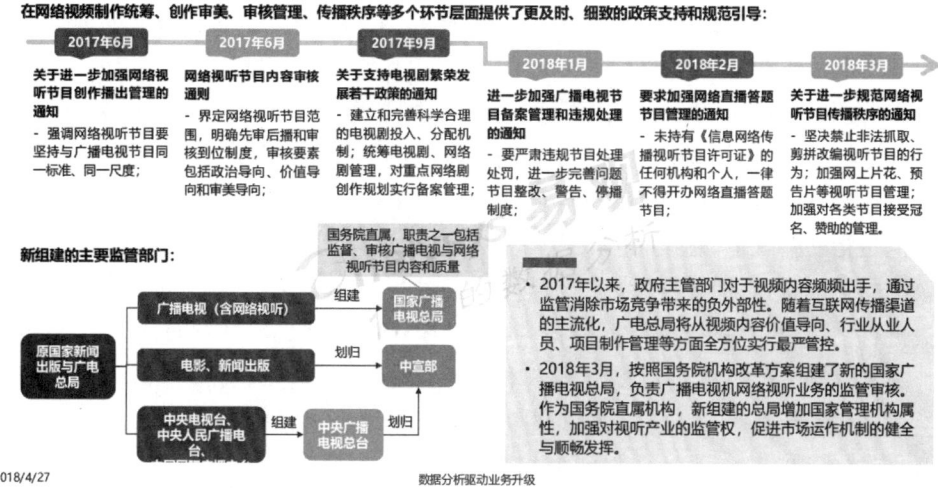

图 10-1 视频行业迎来最严监管年

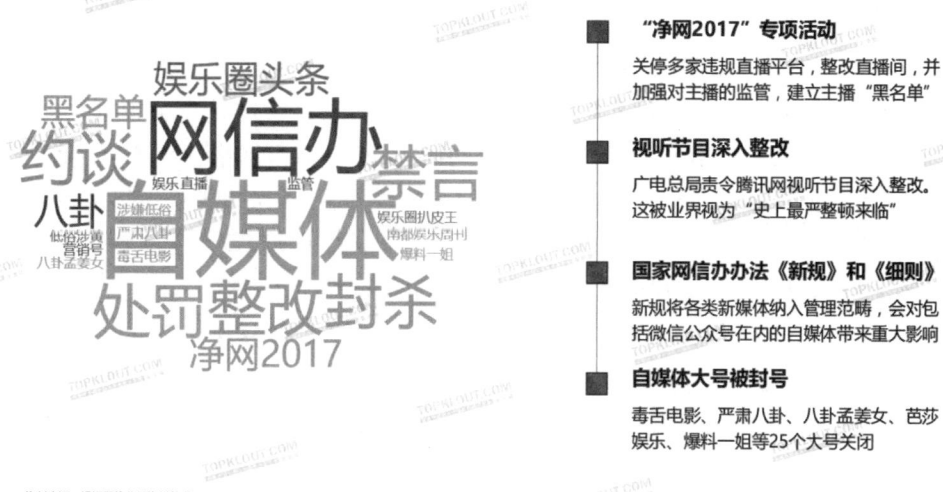

图 10-2 监管收紧

---

① 引自《2018 年自媒体行业白皮书》,https://wenku.baidu.com/view/7db142600640be1e650e52ea551810a6f424c843.html.

一、新媒体失范的界定

"失范"这一概念最早是由法国社会学家迪尔凯姆提出的,他将"失范"定义为"一种社会规范缺乏、含混或者社会规范变化多端以致不能为社会成员提供指导的社会情境"。① 他着重从社会方面强调失范产生的原因,对人们行为的选择所产生的主观原因有回避之嫌。半个世纪之后,美国社会学家默顿将之发展为失范理论。他指出:"在混乱中产生的社会问题并不是由于人们未能达到自己社会地位的需求,而是由于他们的地位未能正确地组合在一个合理地紧密结合的社会制度中。"② 他认为,失范是文化结构和社会结构在个体身上显现的一种紧张状态。③

上述两种观点分别从宏观和微观层面界定了社会失范概念的内涵。宏观层面的失范是指社会规范、制度体系的稳定性与社会秩序问题,它表达的是一种社会规范系统的瓦解状态,即社会解组。④ 微观层面的失范主要是指社会团体或社会成员的失范行为,它与越轨行为是同义语,指社会团体或个体偏离或违反现行社会规范的行为。社会失范是指社会规范体系本身的瓦解、混乱;行为失范是指社会主体即社会成员作为社会中的行动者自身的行为与规范发生的冲突。前者是规范本身的失范,后者是规范对象与执行者的失范。

因此,所谓社会失范,一方面是指社会的价值与规范体系产生紊乱而导致功能丧失,无法指导和约束社会成员的思想与行为,使整个社会秩序呈现无序化状态;另一方面也是指社会成员违背主导的社会规范的行为。⑤

新媒体失范是从社会失范借用来的概念。网络社会是一种建立在全球计算机网络互联基础上,由人、机器、信息源之间相互联结而构成的新型的社会生活和交往的虚拟空间。网络发展至今,虽然技术上发生了日新月异的改变,处于不断进步当中,但是尚没有形成一套完整的价值与规范体系。网络规范的缺席表现为对网络行为进行合法判断的价值与规范缺少广泛认同,无法或很难对网络成员的思想与行为进行指导和约束,从而导致整个网络社会的混乱无序,即为网络社会宏观层面的失范。微观层面,网络社会不存在现实社会中稳定的关系纽带,虚拟的情境下,社会团体或个人在心理上会产生不安、恐惧等不适应心态,在思想认识上无法适从,行为选择产生迷茫,以及行为与规范相背离。由此可见,"一个社会规范层面的瓦解状态是失范行为产生的宏观社会结构背景,而失范行为的增多又反过来进一步恶化该社会规范秩序,二者互为因果,相辅相成"。⑥

综上所述,所谓新媒体失范,是指网络社会价值与规范体系的缺失与不健全所

---

① [美]杰克·道格拉斯,弗兰西斯·C.瓦克斯勒.越轨社会学概论[M].河北人民出版社,1987:53.
② [美]罗伯特·K.默顿.当代社会问题[M].哈考特希一雷斯约瓦诺维奇有限公司,1991:823.
③ 刘洋.当前我国网络失范问题研究[D].吉林大学硕士学位论文,2007.
④ 涂尔干曾指出:"社会解组是由于丧失了社会联系,社会整体蜕变为一种个体相互分裂的原子堆积的状态."西方社会学理论名词解释(通用版),http://zhouyu.bokee.com/1603694.html.
⑤ 朱力.变迁之痛:转型期的社会失范研究[M].社会科学文献出版社,2006:51—52.
⑥ 朱力.变迁之痛:转型期的社会失范研究[M].社会科学文献出版社,2006:52.

导致的调节作用的弱化以及失灵,并由此产生整个网络社会的混乱无序以及网络社会成员在虚拟情境下违背主导社会规范的行为,即社会失范在网络等新媒体中的具体行为表现。

二、新媒体失范的成因

与传统媒体相比,网络媒体不良信息泛滥成灾的原因主要有以下几个方面:

第一,根本原因是网络传播的虚拟性、交互性、匿名性、开放性等特征网上用户分布广,人数多,类型复杂,他们的性格、受教育程度、宗教信仰、文化政治背景、个人好恶以及上网目的差别巨大,参差不齐,一些人在昏名情况下把人性中丑恶的一面展现在网络空间,从而污染了网络环境。

第二,网络空间"把关人"角色职能的减弱,为大量未经"把关"的信息进入网络世界提供了便利。有人把网络传播时代称之为"后把关人时代",认为在网络时代,信息传播的最突出特征就是"把关人"的相对弱化,由此导致大量垃圾信息的出现。

第三,潜在的利益诱惑,这是网络犯罪的原始动力。网络媒体产生了许多新的传播形式,也创造了新的赢利模式。然而网络经济繁荣的同时,不法分子也开始利用网络媒体的种种优势获取非法收入。比如网络诈骗、网络色情服务等网络犯罪事件都是出于经济利益的获取。

第四,网络媒体还未形成自身的伦理文化与规范,网民自我约束力较差。在以血缘、地缘、业缘关系为行为基础的现实社会,社会舆论、内心信念、传统习俗等道德评价都可以很好地发挥作用,人们的行为自然受到各种关系的牵制与约束。而在网络社会,这些约束大大降低,也导致了网络媒体不良内容的泛滥。

第五,政府监管缺位也是网络后面效应得不到有效控制的原因。对网络媒体的负面传播屡禁不止除了网络自身的特征外,还有政府监管不力的原因。我国传统媒体采取的是"事业单位,企业化管理",其管理是依据主流价值标准进行控制与引导,通过政府颁布法规与行政管理,把各种传播活动纳入预定轨道,并对违反规范的行为进行惩罚和制裁。而网络媒体的多元化、个性化、扁平化,使传播活动呈现出多主体、多纬度、多层次的复杂情形,网络管理的对象越来越模糊,因此,传统的自上而下的权力控制也就显得力不从心了。

三、评判新媒体失范的行为标准

根据新媒体失范的定义,评判新媒体失范行为需要一套完整的价值与规范体系,但是目前还没有形成具体的道德与法律标准。因此,根据怎样的标准判定新媒体失范行为,成为人们探讨的焦点。

有研究者指出,当前判别网络伦理道德失范主要有3种分析思想[1]:

---

[1] 李一.网络行为失范[M].社会科学文献出版社,2007:58.

1. 推及论

推及论认为要判定网络行为失范,可以将社会生活中已有的社会规范及相应标准,从网下社会直接推及网上社会,并按照现实社会中的行为规范和判定标准,来衡量某些行为活动是否属于失范行为。这一理论的前提在于,网络社会同社会的关系并非对立,而是现实社会的延伸。网络背后的实体是一个个现实社会中的人,这些人将现实社会的交往模式、价值观体系带入到网络社会中,进而产生网络行为。"推及论"是目前人们认定网络媒体是否失范的主要标准。

2. 新定论

新定论认为判定网络行为是否失范,应当基于互联网络"虚拟电子空间"具有特定形态这一事实,另行界定"虚拟网络世界"中人们应该遵循的行为规范和行为判定标准。简言之,应该"具体问题具体分析"因为虚拟电子空间所构成的网上社会与现实社会存在一定差异,这种差异源于网络社会赋予人们的虚拟身份,在"虚拟"外衣的掩护下,很多人的行动规则、伦理规范和价值观体系超出了现实社会的行动规则、伦理规范和价值观体系。例如,在虚拟的网络社会中,一名不满18岁的小女孩可以和一位年近花甲的老翁"结婚",他们不需要到任何地方进行结婚登记,也不必担心他们之间所谓的"婚姻"是否符合现实大众的伦理规范和价值观体系,就可以成为网络社会中的"合法夫妻",而这仅仅需要虚拟网络游戏或者虚拟社区为其提供一些技术支持。"新定论"的提出,区分了网络社会和现实社会的差异,引发了人们对网络社会独有的失范行为的思考。

3. "推及论"和"新定论"的折中

所谓"推及论"和"新定论"的折中思想,是指既要保留现实社会规范和评判标准,同时还应针对网络虚拟社会特点,建立起适用于网络媒体行为的评价标准。这种思想显然要比走向两个极端的"推及论"和"新定论"更具说服力。毕竟,网络社会和现实社会有重叠之处,但又不尽相同。在网络所有的伦理道德的设置与建立实质上都是一个虚拟命题,人的社会角色和道德责任与物理空间中的表现有很大不同。这就意味着在传统社会中形成的道德及其运行机制在网络社会中并不完全适用。但是,也绝不能片面强调网络道德与既有道德的差别,而认定在电子空间中要形成一个与既有道德完全不同的道德体系,从而认定网络道德的建设要从头做起。这种思想为治理新媒体"失范"提供了很好的思路,即应当在充分发挥网络提升人的个体性和群体性作用的同时,把既有道德的运行机制引入网络等新媒体领域。

事实上,任何媒介在发展过程中,由于客观技术层面的缺失,或多或少地都会对社会现实造成消极影响。但是除了客观技术层面的缺失外,人的主观原因,如行为模式、价值观等所带来的失范远比客观因素所造成的危害大,规制也更有难度。我们从社会学角度理解新媒体失范,可以挖掘出失范的深层原因,有利于借鉴现实社会中的道德体系,建立一个适用于新媒体失范行为的评判标准。

四、新媒体失范在我国目前的具体表现

就网络行为失范现象本身而言,有些属于传统失范行为的"网上表达",即那些原本就存在于社会生活中的行为失范类型,在互联网络发展起来以后,它们也"乘势而上",利用互联网的各种便利,为自己找到了更大、更广阔的施展天地;而有些则属于行为失范的"全新样态",是"虚拟电子空间"里所独有的新生事物,这类网络失范并分为完全是由于互联网络的发展才具备了生成的条件而出现的。[①]

从新媒体失范的表现状态和主体行为特征角度,我们可以把新媒体失范概括为以下几种表现形式:

1. 黑客、病毒肆虐等造成的新媒体信息安全问题

无论是互联网还是手机,如令都面临病毒攻击的威胁。计算机病毒问题存在已久,虽然市面上有各种各样的杀毒软件,但是病毒的传播速度远远超出了人们的想象,病毒无时无刻不在干扰着人们的使用,盗取人们的个人信息,为网络犯罪提供技术支持。黑客对国家银行,金融机构的攻击,给国家信息安全带来了巨大隐患,造成的损失更是无法估量。手机的智能化为用户提供更多功能的同时,也带来了病毒感染问题。随着4G业务的推广,病毒可以通过手机与网络跨地域互相传播,仅仅通过技术手段已经难以根除,国家之间的合作与支持显得尤为重要。

2. 淫秽色情、垃圾信息等造成的新媒体信息环境污染问题

淫秽色情、垃圾信息也是新媒体久治不愈的顽疾。我国法律明令禁止传播淫秽色情的出版物,但是在网络中,信息的庞大令审查困难重重,一些网站为了获得高点击率而成为非法信息的传播者。同样,内容提供商和手机运营商也看中了手机媒体的广大市场,而利用淫秽色情信息吸引用户点击、购买,获得非法利益。垃圾信息则是伴随新媒体产生的一种营销手段,广告商未经用户许可所发送的大量垃圾邮件,垃圾信息,干扰了用户的正常生活,更有甚者利用垃圾信息实施诈骗行为。

3. 虚假新闻、网络谣言等信息失实问题

网络传播的门槛较低,每个人都可以成为信息的发布者,因此信息的质量虽良莠不齐,存在大量虚假信息,让人难辨真伪。网络虚假信息随处可见,为受众设置了一个又一个信息陷阱。网络谣言的传播速度和传播范围都远远大于现实生活中的谣言,因此危害也更加严重。利用虚假信息进行诈骗的行为近年来呈现多发态势,侦破更加困难,取证定罪也存在诸多争议。

4. 电子商务、虚拟货币等网络财产安全问题

现实生活中,公民的合法财产受到法律保护,但是在网络空间中,虚拟货币是否也属于公民的合法财产?被盗取后是否应予以赔偿?这些目前在法律中都没有明确规定,钓鱼网站通过非法手段盗取用户的账户、密码,扰乱了电子商务的正常秩

[①] 李一.网络行为失范[M].社会科学文献出版社,2007:99.

序，给用户造成不必要的经济损失，也严重阻碍了电子商务的发展。这些都带来了一系列的网络财产安全问题。

5. 作品盗版、商标域名等知识产权问题

互联网作为作品传播的一种重要途径，由于其本身的开放、分散和易操作等特性，使我国本来就脆弱的著作权在互联网中更难以得到保障。视频、音乐、电子书等网站都存在版权侵犯问题。手机出版业同样存在此类问题，资源的下载传播几乎全部免费。此外，网络域名、商标的混乱使用，也常常引起各种纠纷。新媒体出版业健康的良性发展必须保障知识产权，这一点我国还需要不断地去完善。

6. 手机拍照、博客广告等侵犯人格权问题

博客、播客、微博等传播平台的出现，为用户提供了更加丰富多彩的个人服务，但也带来了一系列问题。网民可以在个人空间随意发布任何言论，手机偷拍照片后可以随意上传网络，这都可能造成对公民隐私权、名誉权等人格权的侵犯。网络广告随意使用名人形象，带来良好效益的同时却侵犯了当事人的肖像权。人肉搜索更是成为近年来争议的焦点话题，引发了人们对网络负面影响的深层思考，被"人肉"者被赤裸裸地晒在网络中，无任何隐私可言，甚至日常生活也会受到极大干扰。

7. 极端言论、网络暴民等网络舆论失范问题

互联网已经成为思想文化信息的集散地和社会舆论的放大器，网络舆论引起越来越多的关注。网络舆情已然成为影响社会持续有序发展，维护社会和谐稳定的重要因素。如何因势利导，提高新形势下舆情信息的分析能力，及时准确地掌握社会舆情动态，积极引导社会舆论，是网络媒体所面临的一个重大而严肃的课题。

8. 政治渗透、意识形态控制等网络文化霸权问题

网络打破了时间和空间的限制，成为西方发达国家推行其文化霸权政策的得力工具。某些发达国家利用互联网技术优势侵入他国网络，窃取国家机密，宣扬本国意识形态，并以所谓的"民主""人权"为借口攻击、诋毁他国政府，破坏他国的安定与团结，甚至干涉内政。反对文化霸权和文化殖民也就成为我们所要面对的一场严峻战役。

9. 对人格发展的消极影响问题

调查表明，30岁以下的青少年占据了我国网民数的58%，由于青少年正处于成长、变化期，立场、思维方式和行为方式都不稳定，对信息的接受具有一定盲目性，所以网络中丰富多彩的内容、多种多样的形式以及前所未有的表达、沟通方式在带来一定积极影响的同时，也对其思维方式、行为方式，尤其是青少年的人格发展带来一系列负面作用。

10. 新闻炒作、点击欺诈等其他网络失范现象

门户网站作为最有影响力的网络传媒，在失范行为中本应承担更多的社会责任，然而在利益驱使下，网站却常常成为失范行为的始作俑者，新闻炒作、低俗信息、虚假广告等比比皆是。信息数量上升的同时，却是网络信息质量和网络媒体口碑的

下降。

网络中出现的新词汇有些生动有趣、充满活力，约定俗成后可能会被大众接受，是网络文化的重要组成部分，但是，并不是所有的网络语言都经得起时间的考验。如有些网络语言理解起来比较烦琐，还故意使用错别字，甚至违背基本的语法。频繁出现的网络脏话等不文明用语现象，也对我国的传统语言文化造成了污染。

第二节 国外政府对新媒体的监管与规制

20世纪90年代以来，网络开始在发达国家蓬勃发展，并很快演变成为大众媒体。网络媒体在不断发展的同时，一些负面影响也逐渐显现。一方面，过去在现实空间中遇到的各种道德和法律问题，不可避免地会反映到网络空间中来；另一方面，网络空间又产生了许多现实空间中没有遇到过的道德和法律问题，如人肉搜索、虚拟货币、网络裸聊等。围绕这些问题，世界各国出现了关于网络媒体是否需要规制和如何规制的争论。从西方主要国家的实践来看，最初都主张对网络媒体放任自我，但后来又都不约而同地采取了一定的规制措施，并逐渐将其纳入法制轨道。对于网络媒体管制权的归属，由于大部分发达国家将网络视为电子媒介，因此管制权一般落入管理传统广播电视的部门手中，如美国、法国、澳大利亚、新加坡等。由于历史传统和文化背景的差异，各国对网络媒体规制的理念不一，规制的程度也很不相同。尽管如此，各国对网络媒体的管理与规制基本上都遵循了以下三个原则：保护言论自由、阻止不良信息传播和鼓励行业自律。

但是，网络信息内容立法涵盖的范围仍旧很小，有的领域几乎还是空白，对于已经发生的一些问题仍然没有切实可行的法律措施。因此，加快相关法律的制定成为网络媒体未来规制过程中的重要内容。

一、美国对网络媒体的监管

美国是互联网的发源地，也是较早探索网络媒体管制的国家。早在1978年8月，美国佛罗里达州就率先通过了《佛罗里达计算机犯罪法》，该法涉及了侵犯知识产权、侵犯计算机装置和设备、侵犯计算机用户权益等问题，并做出了相关规定。随后，美国共有47个州相继颁布了计算机犯罪法。1984年，美国国会通过了《联邦禁止利用电子计算机犯罪法》。1987年，国会通过一项方案，批准成立国家计算机安全技术中心，并制定了《计算机安全法》。美国众议院司法委员会要求，色情邮件须加标注，使得用户可以不打开邮件而直接将邮件删除；互联网接入服务提供商可以起诉滥发垃圾邮件者，并提出索赔要求。

1996年2月，美国总统签署了国会通过的《传播净化法》，这是美国对互联网内容审查的首次立法，明确规定互联网不得向未成年人传播有伤风化的文字及图像，这一法案尽管受到健康舆论的广泛支持,但却遭到美国公民自由联盟、出版界(包括网上刊物出版界)和电脑界一些组织的反对,声称它违反了关于言论自由的宪法修正案,从而引起一场诉讼。1997年,美国最高法院判定这一法案违宪,使它最终未能实行。不过,2000年4月,美国贸易委员会制定的《儿童网上保护法》却得到了实施,该法规定,商业网站收集年龄在13岁以下少年的个人信息以及这些未成年人进入网上聊天室时,必须得到其父母的同意。

值得注意的是,美国为达到监管网上新闻信息传播的目的,有时并不是直接制定专门法规,而是从通信法、电子商务法、网上知识产权保护等领域切入,设立有关条款。

二、欧洲国家对网络媒体的监管

英国主张网络媒体自我治理,因此没有对网络媒体实行单独立法。1996年以前,英国主要沿用现有的法规对网络内容进行规范,如《黄色出版物法》《公共秩序法》等。1996年9月23日,英国政府颁布了第一个网络监管行业性法规《3R安全规则》,"3R"指的是分级认定、举报告发、承担责任。1999年,英国政府公布了《电子通信法案》的征求意见稿。这一草案酝酿已久,其主要目的是为了促进英国电子商务发展,为社会各界树立对电子商务的信心提供法律上的保证。按照这一法案,网络媒体的内容被视为一种出版物,凡在网络上散布违反相关规定的信息均要受到处罚。在英国,对网络媒体进行规制的政府机构是通信管理局,该局负责维护网络媒体的内容标准,并以法律为基础,通过持续有效的机制加强对互联网非法和有害内容的管制。

德国是全球第一个制定网络法律成文的国家,该国1997年8月通过的《信息与通讯服务法》(即《多媒体法》,是世界上第一部规范互联网的法律,其全称为"规定信息和通信服务的一般条件的联邦法令——信息和通信服务法")。该法确立了传播自由和责任并重的原则,并涉及了有关互联网的方方面面。从网络服务商的责任、保护个人隐私、数字签名、网络犯罪到保护未成年人等,尤其是对网络服务商提出了责任三原则:第一,对自己提供的网上信息内容负全部责任;第二,对网上提供来自他人的内容只是在一定条件下才负有责任;第三,对于仅仅提供了进入通道的网上信息不负责任。此外,德国政府还通过了《电信服务数据保护法》,并根据发展信息和通信的需要,对《刑法法典》《传播危害青少年文字法》《著作权法》等法律进行了必要的修改和补充。

法国在互联网的使用上起步较晚,在意识到互联网的重要性及其存在的问题后,法国政府开始积极关注互联网的发展并制定了有关法律。1996年6月,法国邮电、电信及空间部长级代表对一部有关通讯自由的法律进行补充,并提出了《菲勒修正案》,该法案根据互联网的特点,为解决互联网从业人员和用户之间的问题提出了相关措施。此外,法国也越来越重视对于网络内容的过滤。目前,法国法律已增加了"互联网服务供应商必须向用户介绍并推荐使用内容过滤软件"这一条款。

三、亚洲国家对网络媒体的监管

韩国是世界上最早设立互联网审查机构的国家。早在1995年,韩国国会就修改通过了新的《电信事业法》,将"危险通信信息"作为管制对象,并根据该法组建信息通信伦理委员会。该委员会的主要工作包括接受不良信息举报,对网络进行监察,对网络纠纷进行仲裁,关闭国内非法或不健康网站,屏蔽国外不良网站。2008年,韩国政府新成立了广播通信审议委员会,承担上述职责。2001年,韩国先后颁布《不健康网站鉴定标准》和《互联网内容过滤法令》,在法律框架内确立信息内容过滤的合法性。《互联网内容过滤法令》规定,禁止互联网服务商接入被韩国政府列入"黑名单"的所有网站;为保护未成年人,必须在网吧、公共图书馆和学校等场所安装过滤软件,引人内容分级管理制度。为完善网络管理法规,韩国近年来还陆续制定了《促进信息化基本法》《信息通信基本保护法》《促进信息通信网络使用及保护信息法》等法律。这些法律规定:对于在互联网上散布淫秽色情信息、通过侮辱诽谤来损害他人名誉、反复发送可诱发恐怖或不安情绪的信息、网络赌博、放任发布对青少年有害的信息等行为,韩国广播通信审议委员会一经核实,可要求互联网服务商或网站管理者进行删除或限制,对违法情节严重的责任人可处两年以下有期徒刑或罚款2 000万韩元(约合12万元人民币)。对在网上泄密和其他违反《国家保安法》以及教唆犯罪等触犯刑法的行为,国家将依照相关法律予以惩处。韩国还建立了违法和有害信息报告中心等投诉渠道来监督网上信息传播,任何人都可以拨打热线电话或在网上举报。2005年10月,在广泛征求社会各界意见后,韩国政府发布了"网络实名制"规定。根据该规定,网民在网站留言、建立和访问博客时,必须先登记真实姓名和身份证号,通过认证方可使用。2006年年底,韩国国会通过了《促进信息通信网络使用及保护信息法修正案》,规定主要门户网站在接受网民留言、发布照片和视频等操作前,必须先对网民个人的真实姓名和身份证号码等信息进行记录和验证,否则将对网站处以最高3 000万韩元的罚款。由此,韩国成为世界上首个强制推行"网络实名制"的国家。[①]

日本是以现行法律作为管理网络媒体的主要规范,虽然有关方面曾多次提出制定相应法律、法规,但均遭到反对。1996年12月,邮政省电器通讯局作为政府互联网主管部门发布了《关于互联网上信息的流通》报告书。该报告书指出,互联网管理以自我约束为主,"不宜用法律作出新的规定"。在这一原则指导下,日本的互联网管理基本采取行业自主管理、自我约束的方针。需要指出的是,虽然日本对互联网管理采取行业管理的方针,但政府并非不闻不问。针对网上犯罪现象增加等问题,日本警察厅成立了信息系统安全对策研究会,在一定程度上反映了日本政府对互联

---

① 陈怡.韩国以加强立法和实名制规范网上行为[EB/OL]. http://news.qq.com/a/20100131/001025.html.

网管理的态度。

新加坡是全世界上网普及率最高的国家之一,该国信息基础建设比较完备。早在1996年3月,该国广播管理局便对计算机信息网络做出了管制规定。要求严格审查涉及性、宗教和政治的内容。按照颁布的条例,图书馆、学校和咖啡馆等提供互联网服务的场所,必须对使用情况进行监督。同年7月,新加坡广播管理局依法对互联网络实行管制,宣布实施分类许可证制度。以便鼓励正当使用互联网络,保护网络用户,尤其是年轻人免受非法和不健康信息传播的侵害。此外,新加坡还对网络从业者的管理采取分级授权制度,依照其性质及提供内容的不同而予以划分。

第三节 我国新媒体的监管与规制

一、政府监管与法律规制

(一) 网络媒体的法制建设历程

经过十几年的发展,如今我国已基本形成一套关于网络媒体管理与规制的法规体系,并产生了相应的制约机构。从党和政府的内部文件开始,然后逐步制定各种法律法规,其建设历程大致可分为3个阶段:

1. 初建阶段

该阶段从1994年开始至2000年左右,主要是对互联网技术和网络媒体法规的初步建立。

1994年2月18日,国务院第147号令发布《中华人民共和国计算机信息系统安全保护条例》。这是我国最早的网络管理文本,重点在信息安全保护方面,特别是关于国家政务、经济建设、国防建设、尖端科技等领域。1996年1月29日,公安部发布了针对网站备案管理的《公安部关于对于国际联网的计算机信息系统进行备案工作的通知》。1996年2月1日,国务院第195号令发布《中华人民共和国计算机信息网络国际联网管理暂行规定》,设立了专门督责、协调解决有关国际互联网工作中重点问题的机构,即国务院经济信息化领导小组(后改名为国务院信息化工作领导小组)。1997年1月,国务院新闻办公室、新闻出版署联合发布《利用国际互联网络开展对外新闻宣传暂行规定》,这是第一个以文件形式出现的管理网络的规定。1997年5月30日,国务院信息化工作领导小组发布了关于域名管理的《中国互联网域名注册暂行办法》。1997年6月1日,国务院颁布了《中国互联网域名注册实施细则》。1998年2月26日,国家保密局发布了关于保密管理的《计算机信息系统保密管理暂行规定》。虽然这一时期的规制多以"通知""暂行办法""规定"等形式出现,还不够成熟,但它们初步构建了我国互联网管理的基本框架。

2. 发展阶段

该阶段从 2000 年开始至 2005 年,其间我国政府制定了更为成熟的法律法规,对网络媒体的各个领域进行了有效的制约。

这一时期出台的法律法规适应了我国互联网迅猛发展的客观形势,形成了较为完善的法律体系。尤其是 2000 年,由于我国政府出台了大量重要的原络管理法规,所以该年度被称作"网络立法年"。2000 年 9 月,国务院发布了《中华人民共和国电信条例》和《互联网信息服务管理办法》。"中华人民共和国电信条例"对中国电信、互联网及严重整个信息产业都具有指导意义《互联网信息服务管理办法》是我国第一部对网络媒体进行管理的行政法规它开启了中国网络媒体立法的大门,也是中国网络媒体内容管理的根本大法,2000 年 12 月 18 日,第九届全国人代会常务委员会通过了《全国人民代表大会常务委员会关于维护互联网安全的决定》,这是我国互联网管理体系中具有最高效力的法律文件。此外,2000 年还出台了《互联网站从事登载新闻业务管理暂行规定》和《互联网电子公告服务管理规定》。2001 年修订的著作权法中正式确立了"信息网络传播权"2003 年 5 月,发布了《互联网文化管理暂行规定。2004 年 7 月,国家广电总局发布了《互联网等信息网络传播被听节目管理办法》。2004 年 8 月,我国正式实施《互联网出版管理暂行规定》。2005 年 4 月出台的《互联网著作权行政保护办法》,首次明确规定了网站在制止网络侵权方面应该采取的措施以及著作权人维护权益的行为方式,使网络著作权的保护有了依据。

3. 相对成熟阶段

该阶段从 2005 年开始至今。这一时期,网络媒体获得全面发展,法制建设在网络媒体各领域得到进一步细化和完善,网络法律保障进入相对成熟的管理阶段。

2005 年 8 月,国务院新闻办公室和信息产业部联合发布了《互联网新闻信息服务管理规定》。2008 年 1 月起实施的《互联网视听节目服务管理规定》,承诺一步为混乱的视听网站确立了规范。2017 年 6 月,国家互联网信息办公室发布了新的《互联网新闻信息服务管理规定》,明确了互联网新闻信息服务的许可、运行、监督检查、法律责任等,并将各类新媒体纳入管理范畴。

(二) 网络媒体的管理机构建设

1996 年年初,国务院信息化工作领导小组办公室成立。1997 年 6 月 3 日,我国互联网管理的核心机构——中国互联网络信息中心(CNNIC)成立。1998 年 3 月,第九届全国人民代表大会批准成立信息产业部,主管全国电子信息产品制造业、通信业和软件业。1998 年 8 月,公安部成立公共信息网络安全监察局,负责组织测试计算机网络安全,打击网上犯罪等。

根据参与管制环节的不同,我国的网络媒体管理机构可以分为三类:接人管制部门,指信息产业部和工商部门(信息产业部负责网络与信息安全技术平台的建设和管理,工商部门负责网站经营许可证的管理和监督);安全管制部门,指公安部门和国家安全部门(公安部门负责对网上反动、淫秽等有害信息监控以及对互联网经营、服务单位的安全监督,同时,还负责对网吧等上网服务营业场所的安全审核和监督管理;安全部则负责对境外有害信息网站提出封堵意见,并通知有关部门实施);内容管制部门,是网络媒体新闻传播的核心部门,它由中央和地方的新闻办公室和对外宣传办公室两个部门来管理。其中新闻办公室负责互联网登载新闻资格的审批。2000年4月,国务院新闻办公室成立网络新闻管理局,负责统筹协调全国的互联网新闻宣传工作,随后各省、市、自治区市陆续设立了相应的管理机构。

(三)政府对网络的社会管理

我国对互联网的社会管理是从网吧开始的。从1996年出现第一个网吧,到2003年至2007年间网吧的规范化,网吧十几年的发展历程也是中国互联网逐渐普及的历程。

2000年至2002年间,网吧曾遍布我国城市的大街小巷,然而,无节制的营业、杂乱的场所气氛、粗放的管理以及谋取"第一桶金"的意识,使得网吧成为青少年进行网络游戏与网络聊天的泛滥之地,一些社会问题开始滋生。此时,未成年人沉迷网吧的现象也急剧增多,有些未成年人还因此走上了犯罪道路,这一现象引起了社会和政府的广泛关注。为此,2002年9月,国务院出台了《互联网上网服务营业场所管理条例》,明确了网吧的审批、管理权限、强化了经营者的责任和管理要求,并做出了互联网上网服务营业场所不得接纳未成年人进入的规定。此后不久,大量网吧被关闭,许多地方开始限制网吧的开办数量。2003年,网吧行业主管单位文化部对全国网吧进行了重新审核登记。2004年,文化部等部门对网吧开始专项整治,整治重点是坚决查缔"黑网吧",严厉查处接纳未成年人进入行为,打击网上传播有害文化信息的行为。2005年,文化部等部门联合发出《关于进一步深化网吧管理工作的通知》,要求深化网吧管理。一系列规定与通知的出台,表明了政府治理网吧的决心,也将我国的网吧行业推向了规范化的道路。

2018年8月31日,十三届全国人大常委会第五次会议表决通过《电子商务法》,自2019年1月1日起施行。《电子商务法》正式出台,网络消费领域法律法规进一步完善。《电子商务法》对电子商务经营者、合同的订立与履行、争议解决与法律责任等方面做出明确规定,对促进行业持续健康发展具有重大意义。一方面,《电子商务法》将自然人纳入经营者,需履行纳税义务,将有助于促进线上线下公平竞争;另一方面,《电子商务法》对信用炒作、虚假交易及限制竞争行为提出惩戒原则,将有助于进一步规范市场秩序。①

二、技术管制

目前,我国对网络媒体的技术防范与监管主要有三种手段:阻止进入技术、过滤

---

① 引自CNNIC第43次《中国互联网络发展状况统计报告》.

技术以及分级技术,当前普遍采用的是前两种方式。

网络媒体的全球性使得信息传播跨越了国界,拒绝非法信息、阻止国外不良信息的进入成为技术管制的关键所在。阻止进入技术为这种管制提供了可能。该技术是指通过在互联网的国际主出口上设定对访问某些网址的限制使得国内网民无法直接登录这些国外网站获取信息,发表言论。我国阻止讲人的网站多为带有政治敏感性内容的网站,对境外色情网站的封杀力度却不大。一些网站的网址不断变换,导致阻止进入技术也不是在任何时候都能奏效。

过滤技术主要用于网络论坛、网络社区以及博客的管理,其主要原理是:先设定若干特殊关键词,网民在发帖过程中一旦使用这些特殊关键词,帖子便不能直接发出,而被转到网络论坛、网络社区管理员处审看。网络论坛、网络社区管理员可以将帖子修改后发布,也可将帖子删除。尽管限制性关键词库越来越大,但总有一些不良内容利用变化关键词形式的手段躲过过滤,成为漏网之鱼。过滤技术发展的极端便是全审,即网络论坛、网络社区上的每篇帖子都要先审后发。这种过度的管制措施不仅效率低下,而且会严重影响论坛上的人气,挫伤网民发言的积极性。

分级技术主要是针对色情信息而发展出来的技术手段,我国还没有实行互联网分级制度,不论浏览网站的用户年龄如何,都采用统一的管制标准。2004年,我国青少年网络协会推出了游戏分级制度标准,这个标准包括两个方面:一是年龄层次标准,二是内容描述标准。其中,年龄层次标准分为全年龄、12岁以上、16岁以上和18岁以上,内容描述分为静态指标(如暴力度、色情度、恐怖度、社会道德度等)和动态指标(如PK行为、非法程序、社会责任感等)。虽然这一分级制度还存在一些问题,如有些标准稍显粗糙、对某些指标界定不够清晰等,但它毕竟是我国第一部关于网络媒体尤其是游戏的分级制度,在一定程度上消除了游戏对青少年身心健康的威胁,净化了游戏空间。

除了技术的防范与监管,我国政府还建立了大约三万人的网络警察部队。建立这种新型警察队伍的主要目的,就是为了打击网上犯罪、网络警察均具有高超的计算机能力和良好的专业素质,他们的主要任务是进行网上搜寻,检索出淫秽、反动等不良信息,然后根据线索,利用高科技手段对网络犯罪协查破案。他们中有的负责电子信箱,包括打击辱骂、恐吓和垃圾邮件等现象;有的负责调查青少年色情,包括画面和文字;有的负责计算机跟踪恐怖活动,寻找闯入和破坏计算机者;有的负责调查经济许多等犯罪活动。由于有些"黑客"还是未成年的孩子,网络警察还增加了"家访"的任务,从打击和疏导两方面维护网络的安全。

三、行业自律

我国网络媒体的行业自律组织是中国互联网协会。该协会成立于2001年5月,由国内从事互联网行业的网络运营商、服务提供商、设备制造商、系统集成商以及科研、教育机构等多家互联网从业者共同发起成立。2002年3月,中国互联网协会发布了《中国互联网行业自律公约》。公约规定互联网行业自律的基本原则是爱国、守法、公平、诚信,该公约成为规范我国互联网从业者行为,促进我国互联网行业自律机制建设,推进互联网行业健康发展的有力措施,截至 2004 年,签约企业已超过 1 500 家,由此初步形成了网络媒体自我治理、自我约束的格局。此外,2003 年 12 月,中国互联网协会互联网新闻信息服务工作委员会成立,它是全国性互联网新闻信息服务行业组织,秘书处设在中国互联网新闻中心,来自人民网、新华网、中国网、新浪网、搜狐网等三十多家互联网新闻信息服务单位成为首批成员,他们签署了《互联网新闻信息服务自律公约》,承诺自觉接受政府管理和公众监督,坚决抵制淫秽、色情、迷信等有害信息的网上传播。这标志着互联网新闻信息传播行业开始建立"自我约束、互相监督、公平竞争、健康发展"的行业自律机制。

我国网络媒体进行行业自律的另一平台是中国网络媒体论坛。该论坛是由中华全国新闻工作者协会、人民网等十几家单位共同发起组织的一个大型论坛。首届中国网络媒体论坛于 2001 年 6 月在青岛举办。在此次论坛上,与会代表向全国网络传播界发出倡议,要求坚持网上新闻传播的真实性,提供健康向上的网络信息,2003 年 10 月,第二届中国网络媒体论坛在北京举行,会上发表了 38 家网络信息服务单位共同签署的以"中国网络媒体的社会责任"为主题的《北京宣言》,宣言阐明了中国网络新闻媒体的定位、职责和宗旨,号召和呼吁中国的网络媒体及网络工作者严格自律,恪守媒体工作者的职业道德和良知,肩负起推动国家发展、民族昌盛、社会文明进步的历史责任。可以说,《北京宣言》开始了中国网络媒体履行社会责任的征程。

四、网民的自律与公众监督

网络带来的各种问题并不是仅仅依靠法律和技术就能解决的,人的因素在互联网管制中同样发挥着不可替代的主要作用。作为现代人生存的第二定间,网络应该建立起自己的一套伦理体系,因此,提倡网络文明,加强网络道德建设,成为实现网络信息有效管理的重要因素,而这些因素都离不开网民的监督与自律。"公众监管"就是把网络使用监督权给网络使用者,让他们参与网络监督,发现违法和不良信息及时举报,通过各种渠道参与网络消理,是继政府监管、行业自律之后互联网治理的第三条途径。[①]

2004 年 6 月,由中国互联网协会互联网新闻信息服务工作委员会主办的违法和不良信息举报中心网站开通。该网站的宗旨是举报违法信息,维护公共利益,任何公民在网上发现违法和不良信息,只要登录到举报中心网,说明相关信息所在网站的名称和页面位置,提供举报人的必要联系渠道,即可实施举报。截止到 2008 年 7 月,该举报中心已经接到各类举报信息 75.4 万件。同时,该网站还公布了《互联网站禁止传播淫秽、色情等不良信息自律规范》。举报中心的开通为公众监督互联网信

---

① 孙光海.公众监督的漫舞归宿[J].网络传播,2006(1).

息传播提供了全新的渠道,标志着我国网络媒体在公众监督方面进入实质性发展阶段。公众监督成为有效遏制网络色情、网络垃圾等违法和不良信息的重要途径。在2005年6月举报中心网站开通一周年大会上,蔡名照再次强调了公众监督的重要性:"既然互联网为广大人民群众所使用,维护健康向上的网络环境,也必须紧紧依靠广大人民群众,网民的积极参与是维护互联网信息传播秩序的强大力量。在依法规范、道德约束的同时,要紧紧依靠网民的力量,扶正压邪,倡导文明,弘扬正气。"

除举报监督外,我国网民也开展了一系列自律活动。如2000年12月启动了"网络文明工程",该工程的宗旨就是通过正面引导方式,形成网上健康文明的道德规范,并号召"文明上网、文明建网、文明网络",建造一个没有污染的绿色网络环境。此后,网络文明工程的一系列提倡成为我国网民的行动指南。2000年12月7日,在网络文明工程启动仪式上,光明网、人民网等15家优秀网站在会上宣读了题为《推进网络文明工程,发展中国网络事业》的倡议书,得到国内六十余家知名网站的积极响应。2000年12月26日,北京大学、清华大学、中国人民大学及北京师范大学的学生会向全国大学生发出了《大学生做文明网民倡议书》,号召全国大学生努力学习网络知识、技能,提高操作水平,自觉维护网络安全,建设网络文明,勇做倡导和维护网络安全的先锋。此后,网络文明工程"绿色行动""青少年健康上网"等活动相继展开,得到众多网民的热情支持。

与此同时,我国"家庭上网工程"也非常重视网络绿色空间的维护。在该工程三步走的方案中,提出了防止网上黄、赌、毒和反动信息等不健康内容对大众,尤其是青少年的侵蚀,引导大众正确地应用网络,提倡健康文明上网的主张及相关措施,为在家庭上网的网民自律提供了良好的借鉴。

五、良性赢利模式和合作制度

网络媒体诸多失范现象产生的最根本原因是网站缺乏一种良性的赢利模式,广告商以点击率衡量网站的传播效果,网站迫于生存压力,必然依靠点击率提高竞争力,争取广告商的青睐。

网站要满足广告客户的需求,又要为网友提供满意的信息,两者并不是完全矛盾的,最好的商业模式就是能够产生印钞机效应的模式。比如Google的广告收益模式,用户的每一次广告点击,商家都要向Google付费;还有eBay,用户的每一次交易都要向eBay缴纳手续费。至于这种赢利模式属于网络广告模式,还是网络游戏模式,抑或是互联网增值服务模式都不重要。重要的是它本身的需求及独特性。只有找到用户和客户需求的共同点,打造共赢模式,才能促进网站的可持续发展。以往的赢利模式多集中在整合资源,创造需求,比如广告、互联网增值、移动增值、收取服务费用等,而好的赢利模式可以超越这些模式,比如提供创造性应用,带来品牌价值等。

随着网络购物的兴起,一种新兴的网站开始崭露头角,各种团购网站地应运而生。团购网站会举办各种促销活动,用户可以通过被其低廉的价格买到相应的产品，客户也可以通过团购活动推广产品，可以说达到了双赢，网站只是起到了中介和宣传作用。在市场竞争激烈的环境下，团购无疑打破了传统销售模式的瓶颈，给商家带来了新的契机，开辟了新的营销战场。

除了团购网，豆瓣网也添加了许多特色应用。比如用户在收藏自己喜爱的书籍时可以直接链接到购物网进行购买，使用户浏览网上广告后产生购买行为，从而大大提高了广告效果。此外，同城板块会列出近期用户生活地区的演出、展览、旅行等活动，宣传的同时也为用户提供了贴心的服务。

除了这种特色网站，普通的门户网站也可以创新赢利模式。如提供新闻资讯的时候要贴近网民的生活需求，不能单纯依靠低俗、色情信息提高点击率，质量高的信息内容才可以培养长期用户。目前，很多门户网站都开始注重新闻的原创性，在新闻专题的策划、内容的整合方面倾注了更多人力，说明门户网站已经开始意识到低俗内容不是长久之计。此外，也可以借鉴其他类型网站成功的赢利模式，开发创新应用，比如，新浪微博、腾讯购物等都有其成功之处。只有不断创新、不断改进，才能实现可持续性的发展。

参考文献

[1] 艾媒咨询.[EB/OL].http://www.iimedia.cn/50347.html,2017-03-29/2019-05-08.

[2] 常江,杨奇光."我心澎湃如昨":澎湃新闻与新闻客户端的崛起[J].新闻界,2014(18).

[3] 陈刚.新媒体与广告[M].北京:中国轻工业出版社,2002.

[4] 陈晓英.风险资本进入新媒体企业的投资决策研究[J].财会通讯,2015(26).

[5] 迟昕,丁磊.澎湃新闻:内容重塑传统媒体竞争力[J].新媒体研究,2016(15).

[6] 戴亦一.品牌营销[M].北京:朝华出版社,2004.

[7] 第38次中国互联网络发展报告[R].中国互联网络信息中心,2016.

[8] 樊丽,吴晓东,王亚男.1979—2010:中国电视广告艺术[M].长春:吉林大学出版社,2010.

[9] 范洪岩.传统媒体移动化转型的典范——澎湃新闻[J].东南传播,2014(10).

[10] 付振乾.粉丝日破百万的秘诀[M].北京:人民邮电出版社,2016.

[11] 葛欣航.浅谈新媒体及其对媒体经营管理的影响[J].当代经济,2012(2).

[12] 关梅."微时代"广播媒体品牌建设的意义与策略[J].视听,2016(2).

[13] 国家新闻出版广电总局.2015年新闻出版产业分析报告[J].出版参考,2016(9).

[14] 蒋宏,徐剑.新媒体导论[M].上海:上海交通大学出版社,2006.

[15] 凯文·莱恩·凯勒.战略品牌管理[M].吴水龙,何云,译.北京:中国人民大学出版社,2014.

[16] 李丹.论互联网的传播秩序及管理[D].长沙:湖南大学,2011.

[17] 李隽.中国新媒体行政法律制度刍议[J].广播电视信息(上半月刊),2007(7).

[18] 李若曦.新媒体运营风险管理现状及对策[J].中国报业,2015(8).

[19] 李宛嵘.网络意见领袖背后的利益驱动因素分析[J].新闻研究导刊,2016(12).

[20] 李湘媛.Web3.0时代互联网发展研究[J].中国传媒大学学报(自然科学版),2012,17(4).

[21] 李兴衡.新媒体的定义及传播形式研究[J].新媒体研究,2016(13).

[22] 李艳萍,张志.社会网络与数据挖掘:微博控、控微博[M].北京:人民邮电出版

社,2013.

[23] 刘聪,韩向东.基于新媒体的时政新闻信息传播策略研究[J].现代情报,2015(12).

[24] 刘伟.新媒体广告研究形态[J].今传媒(学术版),2013.

[25] 刘先根.系统论视域下的移动新媒体监管模式[J].新闻战线,2012(12).

[26] 陆小华.新媒体观[M].北京:清华大学出版社,2008.

[27] 欧阳国忠.新媒体发展探析[J].电视研究,2006(2).

[28] 潘可武.新媒体研究方法与观念[M].北京:中国传媒大学出版社,2015.

[29] 彭祝斌,刘晓婷.浅析我国传媒业资本运营的问题及对策[J].现代企业教育,2012(2).

[30] 澎湃新闻网[EB/OL].http://www.thepaper.cn.

[31] 邱成峰.新媒体营销的开展对策及相关阐述[J].中国商论,2016(15).

[32] 邱亦楠.澎湃新闻:新品牌新营销新传播——发言人孙翔阐述四大谜团[J].中国传媒科技,2014(18).

[33] 舒咏平.新媒体广告传播[M].上海:上海交通大学出版社,2018.

[34] 孙黎,徐凤兰.新媒体广告[M].杭州:浙江大学出版社,2015.

[35] 孙永兴.新媒体事件:机制、功能与法律规制[M].北京:社会科学文献出版社,2010.

[36] 谭贤.新媒体营销与运营实战从入门到精通[M].北京:人民邮电出版社,2017.

[37] 谭笑.基于新媒体技术发展的跨媒体营销[J].新媒体研究,2016(16).

[38] 王胜永.融合背景下我国手机媒体监管体制困境分析[D].北京:中国政法大学,2010.

[39] 魏晗.从澎湃新闻看新媒体背景下纸媒转型之路[J].新媒体研究,2017(10).

[40] 吴潮.新媒体与自媒体的定义梳理及二者关系辨析[J].浙江传媒学院学报,2014(5).

[41] 谢耘耕.中国传媒资本运营若干问题研究[J].新闻界,2006(3).

[42] 杨博智.浅谈媒体融合趋势下媒介经营管理转型[J].新闻研究导刊,2016(17).

[43] 杨书焱.传统媒体品牌延伸原则及策略[J].中国报业,2014(7).

[44] 姚瑶."视频直播热"下的"冷"思考[J].传媒观察,2016(6).

[45] 叶龙.从零开始学微信公众号运营推广[M].北京:清华大学出版社,2017.

[46] 叶龙.从零开始学新媒体运营推广[M].北京:清华大学出版社,2017.

[47] 叶龙.微信公众号运营[M].北京:清华大学出版社,2017.

[48] 余红,李婷.我国网络与新媒体人才求调研与专业培养[J].现代传播(中国传媒大学报),2014(2).

[49] 袁爽."澎湃新闻"品牌建设研究[D].南京:南京师范大学,2016.

[50] 约翰尼·K.约翰逊,库尔特·A.卡尔森.现代品牌建设与管理[M].李桂华等,译.北京:经济管理出版社,2017.

[51] 詹新惠.善用新媒体运营之道[J].新闻与写作,2011(6).

[52] 湛飞龙.品牌运作与管理[M].北京:经济管理出版社,2012.

[53] 张成良."多媒体融合"泛媒体时代的生存法则[J].传媒,2006(7).

[54] 张莉等.内容为王:互联网运营之内容运营[M].北京:电子工业出版社,2016.

[55] 张亮.从零开始做运营[M].北京:中信出版社,2015.

[56] 张巧玲.媒体品牌传播极其运作策略[J].新闻传播,2005(8).

[57] 张信和.基于社会化媒体的品牌碎片化传播策略[J].东南传播,2014(2).

[58] 赵成松.我国手机媒体监管法律问题研究[D].重庆:西南大学,2012.

[59] 赵曙光,耿强.媒介资本市场——应用导向的分析[M].长沙:湖南人民出版社,2003.

[60] 赵子忠,崔卓宇.新媒体时代时政新闻如何突围——也谈澎湃新闻的竞争策略[J].新闻研究导刊,2014(12).

[61] 郑青华.澎湃新闻能否成为新闻客户端的标杆?——对澎湃新闻的几点思考[J].编辑之友,2015(1).

[62] 中国互联网络信息中心[EB/OL].http://www.cnnic.net.cn.

[63] 周志民,刘世雄,张宁.品牌管理(第2版)[M].天津:南开大学出版社,2014.

[64] 朱天,梁英.新媒体与传媒产业生态[M].上海:复旦大学出版社,2015.